MOSAIK WERKSTATT TIPS

BILDER
rahmen

Mark Lister

Mosaik Verlag

Für Jill und Devon

Die Originalausgabe erschien unter dem Titel
Picture Framing Techniques
in der Reihe *Craftman's Guides* bei Ebury Press, London
Planung und Produktion: Swallow Publishing Ltd., London
Redaktion der englischen Ausgabe: Alison Leach und Anne Yelland
Redaktionsassistenz: Catherine Tilley
Beratung: Fanny Campbell
Art Director: Elaine Partington
Gestaltung: David Allen (Leitung), Roger Kohn, Su Martin
Illustrationen: Steve Cross
Fotos: Jon Bouchier
Studio: Del & Co
Bildrecherche: Liz Eddison
Alle Informationen und Ratschläge in diesem Buch werden mit bestem Wissen und Gewissen gegeben, aber weder Autor noch Verlag können die Verantwortung für eventuelle Fehler oder Auslassungen übernehmen.

Aus dem Englischen übersetzt von Dr. Helga Zoglmann
Redaktion der deutschen Ausgabe:
Dr. Dieter Struss, Grafing bei München

Der Mosaik Verlag ist ein Unternehmen der Verlagsgruppe Bertelsmann.

© 1987 Swallow Publishing Ltd.
Alle Rechte der deutschen Ausgabe:
© 1989 Mosaik Verlag, München / 5 4 3 2 1
Satz: Filmsatz Schröter GmbH, München
ISBN 3-570-04635-4
Printed in Hongkong

Inhalt

Einleitung

Ein Heim mit kahlen Wänden wirkt oft genauso kalt und steril wie ein Haus, dessen Fenster mit Brettern vernagelt sind. Es sind die Bilder – egal ob Familienfotos, Poster oder wertvolle Objekte, wie Ölgemälde, Aquarelle oder Kunstdrucke in limitierter Auflage –, die Ihre Räume ganz anders aussehen lassen. Es ist jedoch nicht notwendig, viel Geld für das Rahmen auszugeben: Die meisten Bilder kann man mit etwas gutem Willen und Geschick gut und billig selbst rahmen.

Das Rahmen eines Bildes hängt nicht nur von der künstlerischen Aussage des Werkes ab. Die Wahl des Rahmens oder des Passepartouts hängt vom Raum, seinem Aussehen und von der Art des Bildes ab. Das gerahmte Bild soll mit seiner Umgebung harmonieren, ungeachtet der Qualität und des Werts des zu rahmenden Gegenstandes. Es ist Ihr Heim, und daher auch Ihre Entscheidung. Sie werden kaum einen Parkschein mit einem Goldrahmen versehen und in den wichtigsten Raum ihrer Wohnung hängen. Ihr Hausverstand und Ihr Geschmack werden entscheiden, welcher Gegenstand am besten in welchen Raum paßt.

Das soll allerdings nicht heißen, daß ein gutes Ölgemälde oder eine wertvolle Graphik unbedingt einen teuren Rahmen erhalten muß; oft genügt ein einfacher Holzrahmen. Natürlich sollte man auch ein billiges Stück mit der derselben Sorgfalt behandeln – etwa ein schönes Kalenderblatt. Bei wertvolleren Gegenständen muß man jedoch vorsichtig schrittweise vorgehen, und es empfiehlt sich, einen Fachmann um Rat zu fragen, bevor Sie ein unersetzliches Kunstwerk zu rahmen versuchen.

Verschiedene Techniken des Rahmens

Dieses Buch handelt einzelne Projekte ab, wobei jedes etwas komplizierter ist als das vorangegangene. Die Projekte 1 und 2 sind einfach, und man braucht nur die Grundausstattung an Werkzeugen dazu. Sie eignen sich am besten zum Anfangen. Die dabei gemachten Erfahrungen werden Sie ermutigen, sich an die nächsten, schwereren Projekte zu wagen. Keines der Projekte übersteigt die Möglichkeiten eines Amateurs, und für jedes Projekt gibt Ihnen dieses Buch praktische Ratschläge.

Am Ende des Buches sind weitere Vorschläge für das Rahmen zusammengestellt sowie Anweisungen zu finden, wie man an etwas ungewöhnlichere Arbeiten herangeht, wie sie der fortgeschrittene Heimwerker liebt.

Jedes Heim sollte Atmosphäre haben, und einen Teil dieser Atmosphäre schafft die Ausgestaltung. Dazu gehören Bilder, die nicht teuer sein müssen. Kunsthandlungen und Auktionshäuser bieten oft Aquarelle und Graphiken von guter Qualität an, die gerahmt einen Raum verändern.

ALIMENTATION

Das Geheimnis eines guten Bilderrahmens besteht darin, das Bild als »Gesamtkunstwerk« zu präsentieren: Es genügt nicht, einen Rahmen zu suchen, in den das Bild paßt, in der Hoffnung, daß die Qualität des Kunstwerks über eine ungeeignete Rahmung hinwegsehen läßt. Sobald es hängt, stellt das ganze Bild die Dekoration dar.

Werkzeug

Keines der Werkzeuge, die in den folgenden Projekten verwendet werden, ist speziell für Bilderrahmen gemacht; die meisten sind in fast jedem Haushalt vorhanden. Zwar gibt es Spezialwerkzeuge auf dem Markt, die vielleicht auch ein etwas besseres Endergebnis ermöglichen, doch sind sie meist teuer und werden dann nur selten verwendet. Viele geübte Hobby-Bilderrahmer erzielen mit den hier beschriebenen Werkzeugen ausgezeichnete Resultate.

Ein Universalmesser, vorzugsweise mit abbrechbarer Klinge – sie sind schärfer als Messer ohne abbrechbare Klinge.

Ein Spitzbohrer zum Löcherbohren.

Ein Lineal, mindestens 1 m lang, mit Zentimetereinteilung.

Ein Abstrichlineal, ebenfalls mindestens 1 m lang, vorzugsweise aus Stahl und mit einer abgeschrägten Kante.

Ein Pinnhammer eignet sich besser als ein Klauen- oder Ballhammer.

Ein zylindrisch geformter Wetzstein, wie man ihn zum Schärfen von Sicheln verwendet.

Eine Gehrungslade, um das Sägeblatt beim Sägen genau auf 45° zu halten.

Ein gerader Fuchsschwanz, mit möglichst feinen Zähnen.

Ein kleiner Elektrobohrer, um kleine Löcher in die Leisten zu bohren. Es ist dies ein kleiner elektrischer Handbohrer, speziell für Arbeiten an sehr kleinen Gegenständen.

Ein 150-mm-Schraubstock hat größere Backen als ein normaler Schraubstock und hält einen Holzgegenstand mit geringerem Schadensrisiko fest.

Ein Nagler ist einer normalen Büroheftmaschine vorzuziehen, obwohl man natürlich auch diese verwenden kann.

Eine Zange.

1 *Abstrichlineal;* **2** *Lineal;* **3** *Spitzbohrer;* **4** *Gehrungslade;* **5** *Pinnhammer;* **6** *Wetzstein;* **7** *Nagler;* **8** *Messer;* **9** *Messer mit abbrechbarer Klinge;* **10** *gerader Fuchsschwanz mit feinen Zähnen;* **11** *Zange;* **12** *kleiner Elektrobohrer;* **13** *Schraubstock.*

Materialien

Rahmenleisten, Passepartouts und anderes Spezialzubehör muß man in einem einschlägigen Fachgeschäft kaufen, wo Sie sich auch beraten lassen können.

Alle übrigen in diesem Buch erwähnten Materialien sind Gegenstände des täglichen Bedarfs und in Eisenhandlungen, Holzgeschäften, Bilderrahmengeschäften und gut sortierten Papierhandlungen erhältlich.

Da es eine Vielzahl von Rahmenleisten und Passepartouts gibt, wird darauf verzichtet, sie alle in diesem Buch anzuführen; die speziellen Erfordernisse werden bei jedem einzelnen Projekt gesondert erklärt. Ganz allgemein gilt, daß Materialien erster Qualität teurer sind.

Passepartouts

Das Passepartout ist eine Umrahmung aus Pappe (Pappdeckelrahmen) und in den Stärken 1 bis 12 sowie in verschiedenen Farben erhältlich. Die Stärke Nr. 1 entspricht in etwa der Stärke einer Cornflakes-Packung (die Stärke Nr. 12 ist zwölfmal so dick).

Glas

Wir sind bei allen hier besprochenen Projekten davon ausgegangen, daß Sie keine Glasplatten zu Hause lagern haben. Es ist für den Hobbyhandwerker einfacher, in den gewünschten Maßen zugeschnittenes Glas beim Glaser zu kaufen. Beim Rahmen von Bildern finden die folgenden drei Glasarten Verwendung:

2-mm-Tafelglas wird in die gewünschte Stärke ausgewalzt; es ist zwar nicht immer fehlerlos, aber billig. Bei alten Drucken kann es sogar sehr gute Wirkungen erzielen.

2-mm-Spiegelglas wird auf moderne Art hergestellt und ist absolut flach.

2,5-mm-entspiegeltes Glas ist semi-opak und reduziert die Widerspiegelungen im Bild; dabei gehen oft winzige Details verloren, und das Bild wirkt etwas verschwommen. Dieses Glas wird häufig für moderne Poster verwendet.

Es gibt Tausende verschiedener Rahmenleisten und Hunderte verschiedener Passepartouts und Farben. Die Kunst des Rahmens besteht darin, aus diesem riesigen Angebot die für ein bestimmtes Bild am besten geeignete Rahmung auszuwählen.

Projekt 1: *Familienfoto*

Klemmrahmen

Das Rahmen auf einer Hartfaserplatte mit Hilfe von Klemmen gehört zu den einfacheren Arten des Bilderrahmens. Es geht schnell und leicht und eignet sich vorzüglich für das Rahmen von Fotografien, Diplomen und sogar kleinen Bildern, die von einem größeren Rahmen vielleicht erdrückt würden. Ein Bild, das auf diese Weise gerahmt wird, sollte nicht größer als 50×40 cm sein. Das ganze Gewicht des Glases wird nämlich nur von den Klemmen gehalten, und jede der Klemmen schafft einen Druckpunkt auf dem Glas. Je größer das Glas, desto größer ist auch der Druck, der von den Klemmen ausgeübt wird; zuviel Druck kann das Glas brechen lassen. Bei größeren Gegenständen sollte man statt Glas Plexiglas verwenden, was allerdings den Nachteil hat, daß es leichter zerkratzt wird und auch schneller Schmutz anzieht, weil es statisch ist.

Dieses Projekt ist die ideale Einstiegsarbeit zum Rahmen von Bildern. Zuerst muß der Gegenstand in die entsprechende Größe gebracht werden, dann muß genau gemessen und das Glas besorgt werden. Das Glas dient dann als Schablone für das Vermessen und Zuschneiden der Hartfaserplatte als Rückenversteifung. Dann befestigt man die Aufhänger an der Platte und kann schließlich das Bild fertig machen.

Passepartouts werden bei dieser Art des Rahmens eher selten verwendet, weil die Stärke des Materials, das von den Klemmen gehalten werden kann, begrenzt ist; Glas, Hartfaserplatte und Passepartout sind insgesamt wahrscheinlich zu dick für Klemmen.

Glashalteklemmen

Bei dieser Art des Rahmens kommen zwei verschiedene Klemmen zur Anwendung – die französischen Federklemmen und die Schweizer Klemmen. Einige sind leicht zu befestigen und reichen für die meisten dieser Bilder aus. Andere, anscheinend kompliziertere Klemmen liefern ein befriedigenderes Ergebnis, weil man auf der Vorderseite des Bildes weniger von den Metallklemmen sieht. Sie sind allerdings schwieriger zu fixieren, und man muß darauf achten, daß das Glas nicht bricht.

Für die Montage dieser Klemmen reicht meist das im Haushalt vorhandene Werkzeug aus (siehe Seiten 8–9). Die benötigten Materialien beschafft man sich beim Glaser, im Holzwarengeschäft, in der Hartwarenhandlung, im Bastelladen und im entsprechenden Fachgeschäft.

Klemmrahmen sind billig und für Familienfotos oder Schulfotos ideal geeignet. Diese Rahmen sind einfach zusammenzubauen und schmücken Winkel und Ecken im ganzen Haus.

Ränder beschneiden

Viele Fotografien haben einen weißen Rand. Wenn Ihr Foto einen solchen weißen Rand hat, werden Sie es wahrscheinlich beschneiden müssen, um die richtige Perspektive zu erhalten. Üblicherweise sind die Ränder oben und an den beiden Seiten gleich breit, während der untere Rand etwas breiter ist. Durch diesen optischen Trick soll vermieden werden, daß das Bild gleichsam aus dem Rahmen fällt.

Verwenden Sie ein scharfes Messer und das Abstrichlineal zum Beschneiden der Ecken. Mit einer Schere erhält man keine geraden Schnittkanten, und jede Ungenauigkeit in diesem Stadium wird das Endergebnis beeinträchtigen.

Vermessen

Entscheiden Sie sich für eine Glasart (siehe Seite 10). Um festzustellen, in welcher Größe Sie das Glas kaufen sollen, messen Sie das Bild im beschnittenen Zustand, und ziehen Sie davon 3 mm ab, um etwaige Ungenauigkeiten des Glasers ausgleichen zu können. Es ist viel einfacher, den Hartfaser- oder Kartonrücken des Bildes auf die endgültige Größe zuzuschneiden, als das Glas hinterher zu beschneiden.

Kaufen Sie das Glas, bevor Sie mit dem Zuschneiden weitermachen, weil alle späteren Messungen immer von der Glasgröße abhängen.

Zusammentragen der Einzelteile

Legen Sie das zugeschnittene Glas genau auf das Bild, und übertragen Sie die Glasgröße mit einem Bleistift auf das Bild; dann schneiden Sie mit dem Messer und dem Abstrichlineal entlang der Bleistiftlinie das Bild zu. Wenn Sie genau gearbeitet haben, sollten Bild und Glas nunmehr absolut gleich groß sein.

Legen Sie das Glas auf einen 3,2 mm starken Karton, wobei eine Ecke des Glases genau mit der Ecke des Kartons übereinstimmen muß. Dann zeichnen Sie mit Hilfe des Bleistifts die Umrisse des Glases auf dem Karton nach und schneiden entlang der angezeichneten Linien mit Abstrichlineal und Messer. Es empfiehlt sich, ungefähr 0,5 mm innerhalb der Bleistiftlinien zu schneiden; anschließend die Kanten mit Sandpapier glätten.

Legen Sie nun den Karton auf die Arbeitsfläche und darauf das Glas; die beiden Materialien müssen gleich groß sein.

Der nächste Schritt ist die Befestigung der D-förmigen Ösen für die Aufhängeschnur auf dem Karton; Sie müssen also jetzt entscheiden, wie Sie das Bild aufhängen wollen.

Ausmessen und Ränder beschneiden

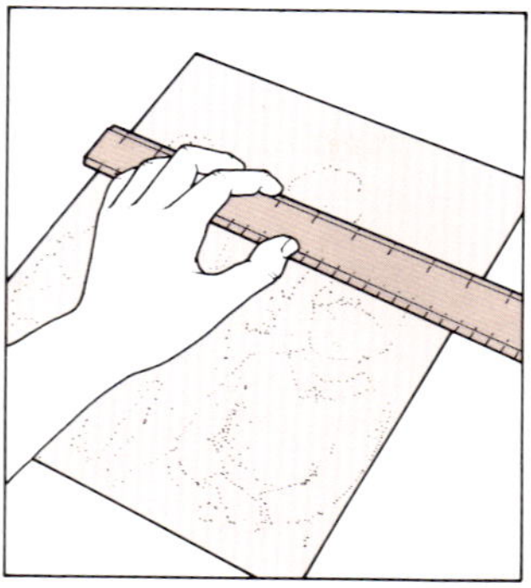

1 *Glas in der benötigten Größe zuschneiden lassen.*

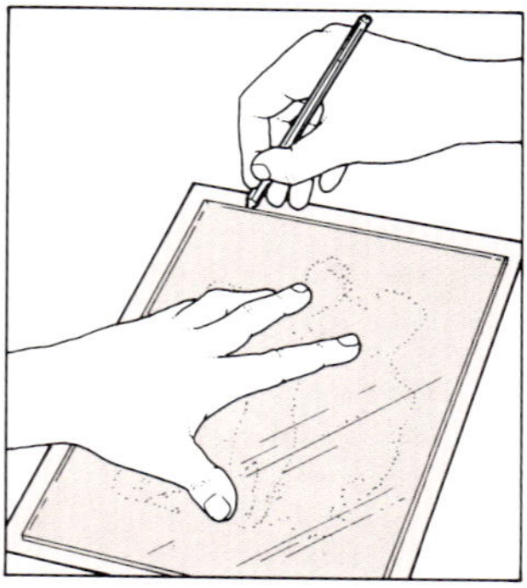

2 *Glas als Schablone für endgültigen Beschnitt verwenden.*

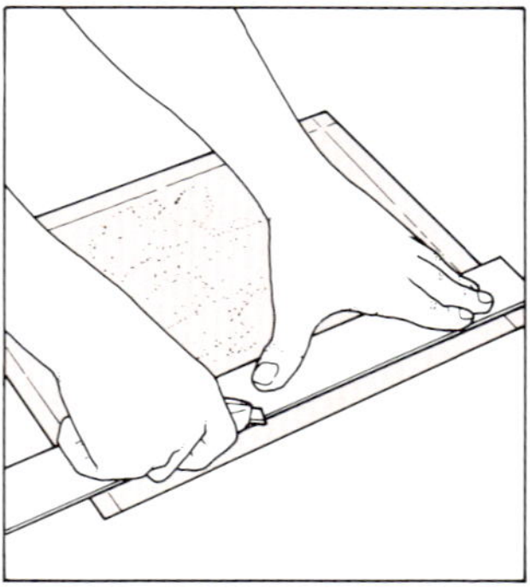

3 *Bild genau auf Größe des Glases zuschneiden.*

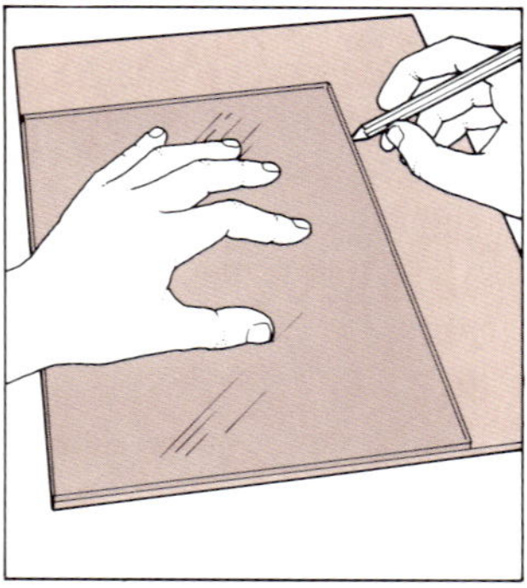

4 *Kartonrücken auf Größe des Glases zuschneiden.*

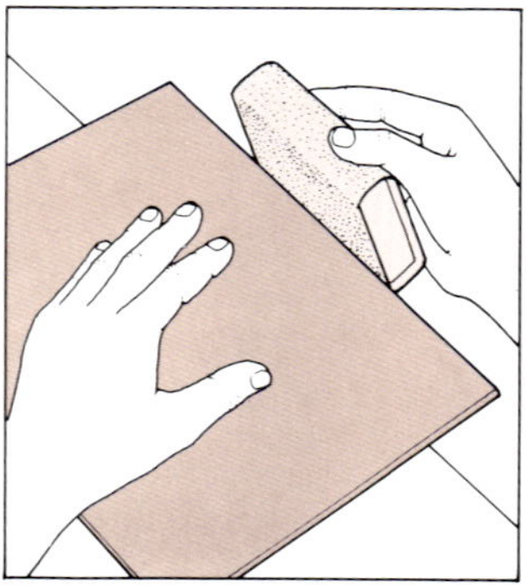

5 *Die Kanten des Kartons mit Sandpapier glätten.*

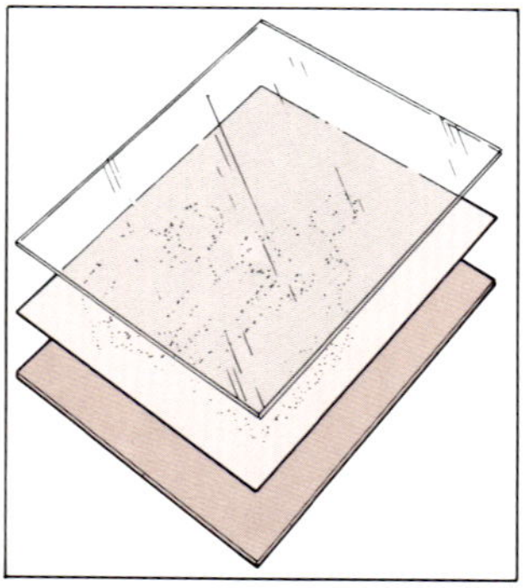

6 *Karton, Bild und Glas sind nun genau gleich groß.*

D-förmige Ösen

D-Ringe haben entweder eine ein- oder eine zweilöchrige Halterung, die zweilöchrigen verwendet man für Bilder, die größer als 50×50 cm sind. Üblicherweise fixiert man sie mit biegbaren Nieten auf dem Karton. Damit sich keine Erhebungen von den Nieten auf das Bild übertragen können, sollte man eine dünne Einlage zwischen den Karton und die Rückseite des Bildes geben. Die am besten geeignete Kartonstärke ist die einer Corn-flakes-Schachtel.

Die Ösen sollten in der Höhe ein Drittel und in der Breite jeweils ein Sechstel vom Kartonrand entfernt angebracht werden. Bei kleinformatigen Bildern genügt eine Öse, die knapp unter dem oberen Rand genau in der Mitte des Kartons befestigt wird.

Mit Hilfe eines Spitzbohrers bohren Sie nun – von der glatten auf die rauhe Seite – Löcher für die Ösen in den Karton, wobei die Löcher eine Spur kleiner im Durchmesser sein sollen als die Nieten. Glätten Sie nun mit Sandpapier die Stelle auf der rauhen Seite des Kartons, wo Sie mit dem Bohrer durchgekommen sind; dann stecken Sie die Niete durch das Loch im Ring und durch das Loch im Karton. Drehen Sie jetzt den Karton um und legen Sie ihn auf eine feste Unterlage; biegen Sie die Nietenhälften mit dem Spitzbohrer nach außen und schlagen Sie sie mit dem Pinnhammer flach.

Feste Aufhänger und eine starke Schnur sind wichtige Bestandteile eines guten Bilderrahmens.

Befestigen der Aufhänger

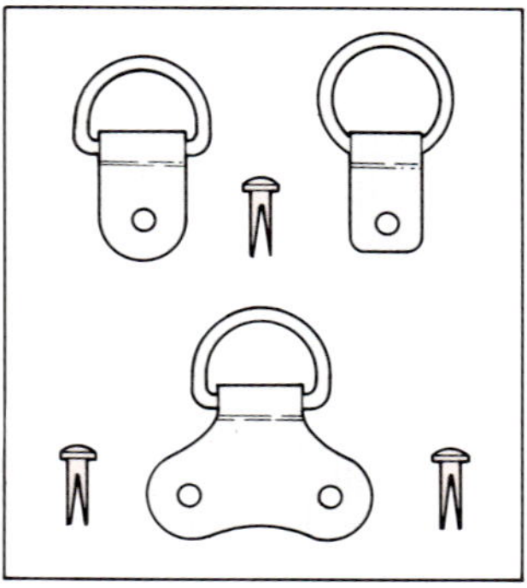

1 *Zuerst über Art der Aufhänger entscheiden.*

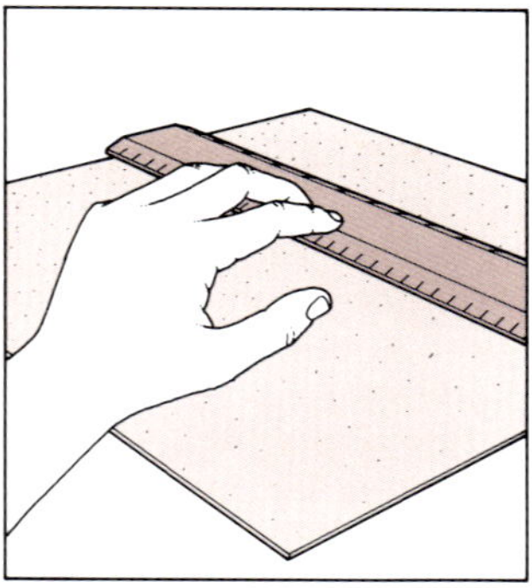

2 *Punkte für Aufhänger auf dem Karton ausmessen.*

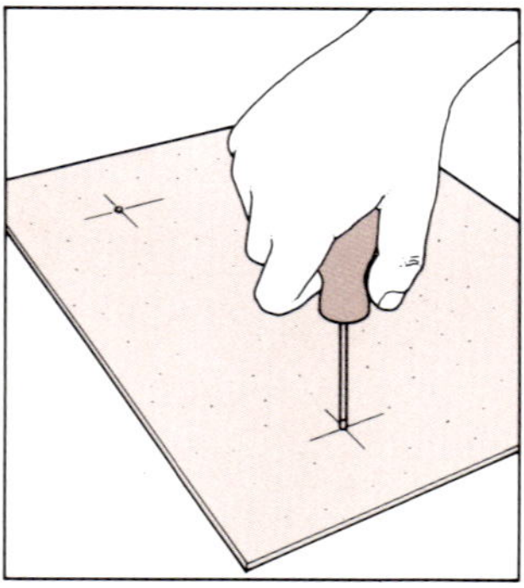

3 *Mit dem Spitzbohrer Löcher für die Nieten bohren.*

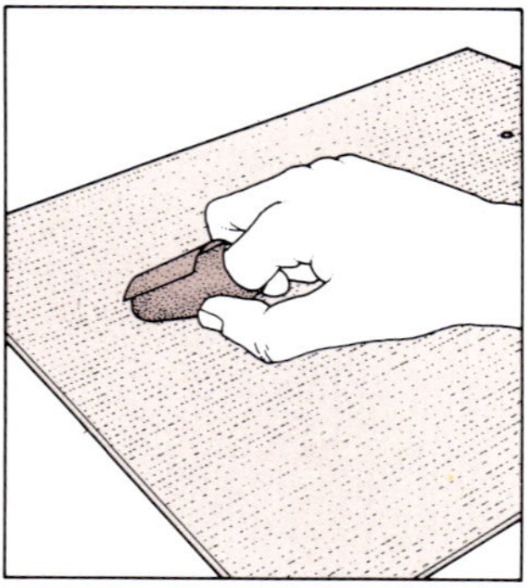

4 *Austrittsloch des Bohrers mit Sandpapier glätten.*

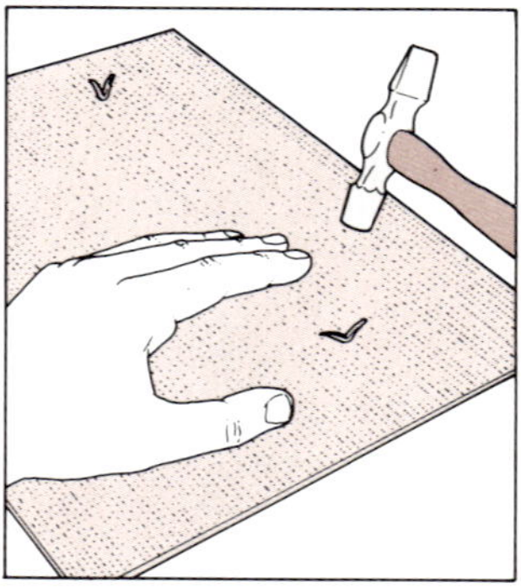

5 *Nietenschäfte nach außen biegen und flach hämmern.*

6 *Einlagen über Nieten geben, um das Bild zu schützen.*

Endmontage des Bildes

Glätten Sie die Schnittkanten des Glases mit einem Wetzstein; führen Sie die wenigen leichten Striche jedoch *nur in einer Richtung* aus. Dann das Glas gründlich reinigen. Jede Art von Glasreiniger ist geeignet, am wirksamsten ist jedoch eine 50:50-Mischung von Spiritus und Wasser. Wischen Sie das Glas trocken, und entfernen Sie dabei alle restlichen Schlieren; anschließend mit einem weichen Naturhaarpinsel eventuellen Staub wegbürsten.

Legen Sie den Karton auf die Arbeitsfläche mit der Einlage nach oben, dann das Foto und das Glas, alle kantengenau übereinander. Schieben Sie das Ganze auf einer Seite vorsichtig über die Kante der Arbeitsfläche vor, und öffnen Sie die Glashalterklemmen mit Hilfe der beiden Klemmarme. Fixieren Sie nun alle Schichten, indem Sie die Klemmen im Abstand von 10 cm rund um das Bild anbringen.

Endmontage des Bildes

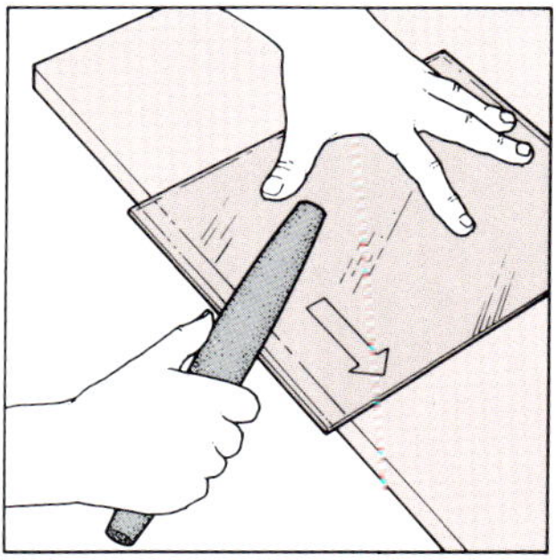

1 *Glaskanten sorgfältig glätten.*

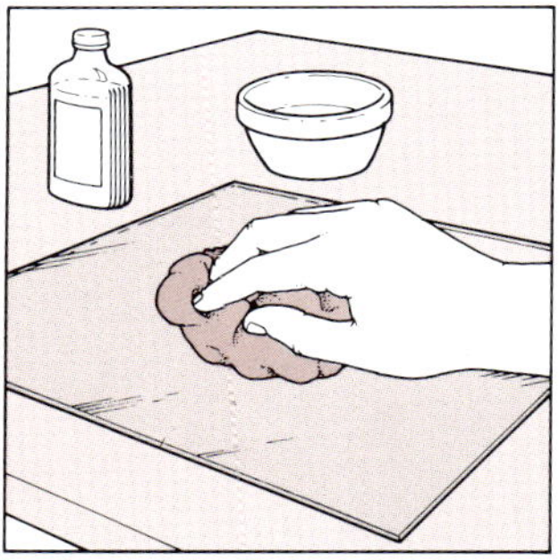

2 *Glas mit 50:50 Spiritus:Wasser reinigen.*

3 *Staubkörner wegbürsten.*

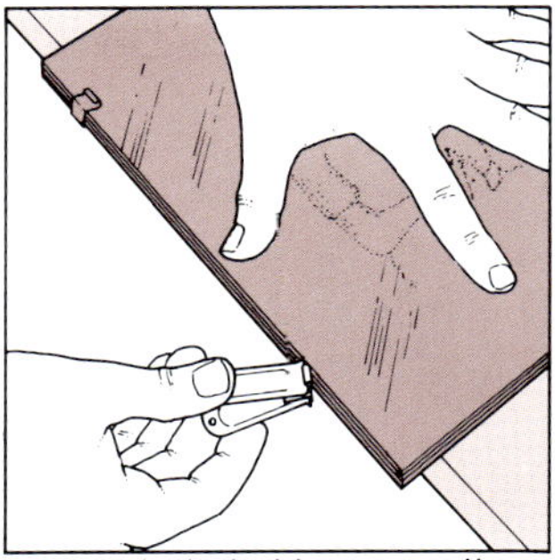

4 *Mit Glashalteklemmen alle Schichten fixieren.*

Schließlich ziehen Sie ein Stück Nylonschnur durch die beiden D-Ösen und verknüpfen Sie die beiden Schnurenden gut (siehe Seite 16). Nun kann das Bild aufgehängt werden.

Glashalteklemmen

Die Endmontage funktioniert wie beschrieben; die Kanten des Kartons müssen jedoch mit einem Universalmesser abgeschrägt werden. Legen Sie den Karton auf eine Arbeitsplatte, und ziehen Sie die Kanten mit dem Universalmesser ab, um eine abgeschrägte Kante zu erhalten, damit die Klemmen fest sitzen. Das Bild muß in umgekehrter Reihenfolge zusammengetragen werden; überprüfen Sie daher, daß alle Schichten genau übereinanderliegen, bevor Sie die Klemmen befestigen.

Bedecken Sie die Arbeitsplatte mit einem Stück Filz. Fixieren Sie die Klemmen auf dem leicht über den Rand der Arbeitsfläche vorstehenden Bild. Jede Klemme muß mit dem Hammer ganz leicht angeklopft werden, um sie in den Karton zu drücken: Achten Sie darauf, weder das Glas zu zerbrechen, noch die Klemme durch den Karton zu drücken. Meist ist es einfacher, mit einem Spitzbohrer vorzubohren, was problemlos ist, wenn Sie 3,2 mm starken Karton verwenden.

Obwohl manche Klemmen (rechts) *auf der Rückseite nicht ansprechend aussehen, sind sie auf der Vorderseite gefälliger.*

Projekt 2: *Poster*

Aluminiumrahmen

Rahmen aus Aluminium sind zwar teurer als gewöhnliche Holzrahmen, aber oft bequemer im Gebrauch, weil man sie fertig zugeschnitten kaufen kann und es keinen Abfall gibt. Allerdings kann man damit nur Gegenstände bis zu einer Stärke von 10 mm rahmen. Sie eignen sich aber gerade deswegen ideal für das Rahmen von Postern.

Aluminiumrahmen sind entweder fertig zugeschnitten erhältlich, oder man kann sie in Spezialgeschäften zuschneiden lassen. Das erspart einem das Zuschneiden der 45°-Winkel im Aluminium, was ohne Spezialwerkzeuge schwierig sein kann. Diese Rahmen sind außerordentlich robust und verbiegen sich nicht leicht. Sie sind einfach zu montieren und genauso leicht wieder zu zerlegen, falls Sie das Bild durch eines gleicher Größe ersetzen wollen. Aluminiumrahmen sehen schick aus und werden für Auslagendekorationen (weswegen sie auch als Dekorationsrahmen bezeichnet werden), in modernen Wohnungen und Häusern sowie in Warteräumen von Flughäfen gerne verwendet, um die Einrichtung sinnvoll zu ergänzen und zeitgemäß zu gestalten. Diese Aluminiumrahmen gibt es in vielerlei Farben, einschließlich Kupfer- und Messingfarben, so daß sie auch in eine traditionelle Umgebung passen.

Montieren von Postern

Da die meisten Poster nicht auf sehr starkem Papier gedruckt sind, müssen sie fast immer vor dem Rahmen auf einen Karton montiert werden. Für ein durchschnittliches Poster eignet sich die Naßmontage am besten, was hier beschrieben werden soll. Wenn Sie jedoch ein wertvolles Poster haben (oder über die Qualität der Farbe im unklaren sind), tragen Sie es besser zu einem Rahmenfachmann, um es trocken montieren zu lassen. Dabei handelt es sich um einen Hitzeprozeß, der das gleiche Ergebnis wie die Naßmontage erzielt, nur daß eben kein Wasser verwendet wird. Dünnes Seidenpapier, das auf beiden Seiten mit einem hitzeabsorbierenden Klebstoff beschichtet ist, wird zwischen Poster und Karton gelegt; das Ganze kommt anschließend für eine bestimmte Zeit in eine heiße Presse.

Alle für dieses Projekt nötigen Materialien erhält man beim Holzwarenhändler, Glaser, Eisenwarenhändler, im Bastelladen oder in einschlägigen Fachgeschäften.

Poster sind oft sehr beeindruckende moderne Kunstwerke und können allein eine ganze Wand dominieren. Man sollte sie in einem qualitätvollen Rahmen aufhängen.

Vorbereiten des Posters

Wenn Ihr Poster auf Karton oder dickes Papier gedruckt ist, kann man es wahrscheinlich einfach so rahmen. Die meisten Poster sind allerdings auf dünnes Papier gedruckt und müssen für ein gutes Endergebnis auf einen Karton aufgezogen werden. Die Kartonblätter gibt es in verschiedenen Farben und in den Stärken 1 bis 12 zu kaufen, wobei Nr. 1 der Kartonstärke einer Corn-flakes-Schachtel entspricht und Nr. 12 zwölfmal so stark ist. Kartonstärke wird manchmal auch in Mikron gemessen, so ist z. B. ein Nr. 6-Kartonblatt 1500 Mikron stark und eignet sich für dieses Projekt ausgezeichnet.

Naßmontage

Das Poster wird mit Tapetenkleister auf den Karton geklebt. Der Kleister läßt – ähnlich wie beim Tapezieren – alle Falten, Knitter und Eselsohren im Poster verschwinden. Tragen Sie auf beschädigte Teile eine Spur mehr Kleister auf, und frischen Sie die Farbe mit einem Filzstift auf. Für dickeres Papier und Fotopapier verwendet man oft auch Aerosol-Klebespray, doch ist es für das typische Posterpapier nicht gut geeignet, da sich dieses an manchen Stellen abheben kann. Schneiden Sie das Kartonblatt Nr. 6 ungefähr 15 cm größer zu als das Poster, nehmen Sie dann braunes Packpapier in der Größe des Kartons, das Sie mit einer dünnen Lösung Tapetenkleister, wie für dünne Tapeten, einstreichen. Sobald das Poster eingestrichen und auf dem Karton getrocknet ist, würde sich der Karton werfen. Indem man das braune Packpapier auf die Rückseite klebt, wirkt man dem Werfen entgegen. Lassen Sie das Papier nun 10 Minuten in Ruhe, denn solange der Kleister naß ist, dehnt er sich aus. Entfernen Sie den überschüssigen Klebstoff mit einem Malerpinsel, legen Sie dann das untere Ende des Papiers auf den Karton, und zwar so punktgenau, als würden Sie tapezieren, und streifen Sie die Luftblasen mit einem weichen Tuch aus. Nun drehen Sie den Karton um und lassen ihn 10 Minuten trocknen. Wiederholen Sie den Vorgang mit dem Poster, wiederum mit einer Ruhepause von 10 Minuten. Es ist wichtig, diesen Teil der Arbeit nicht zu übereilen.

Achten Sie beim Ausstreifen des Posters besonders darauf, keinen zu starken Druck auf die Posteroberfläche auszuüben. Manche Poster sind von schlechter Druckqualität, und es kann passieren, daß Sie etwas von der Farbe wegwischen.

Bedecken Sie das Poster mit einem Tuch und legen Sie mehrere Bücher zum Beschweren darauf. Nun lassen Sie das Ganze trocknen, was ungefähr zwei Stunden dauert, bevor Sie das Poster vermessen.

Naßmontage

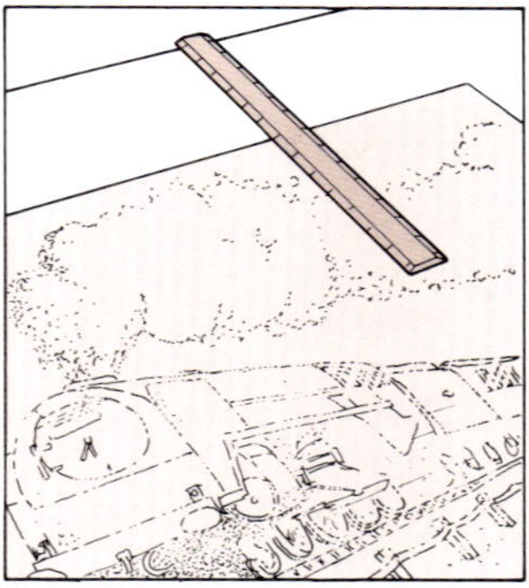

1 *Karton 15 cm größer als Poster zuschneiden.*

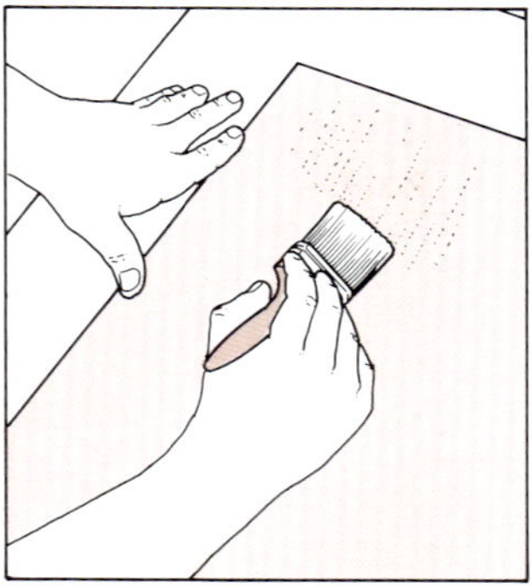

2 *Braunes Packpapier auf Rückseite des Posters kleben.*

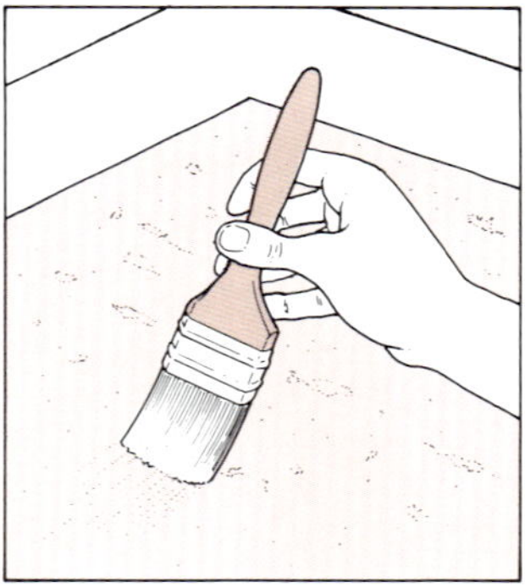

3 *Poster aufkleben. Überschüssigen Klebstoff entfernen.*

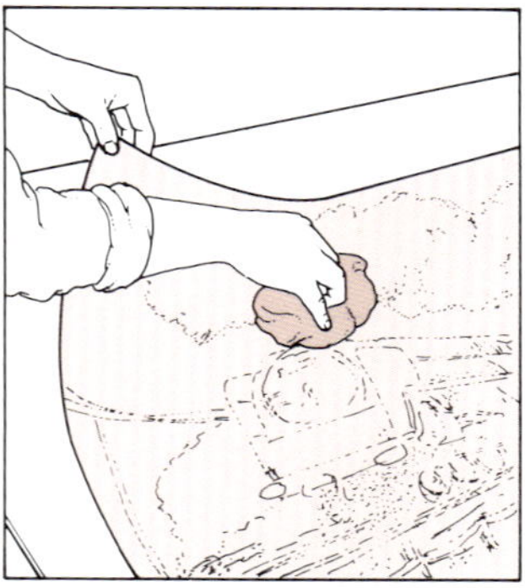

4 *Mit einem weichen Tuch Poster ausstreifen.*

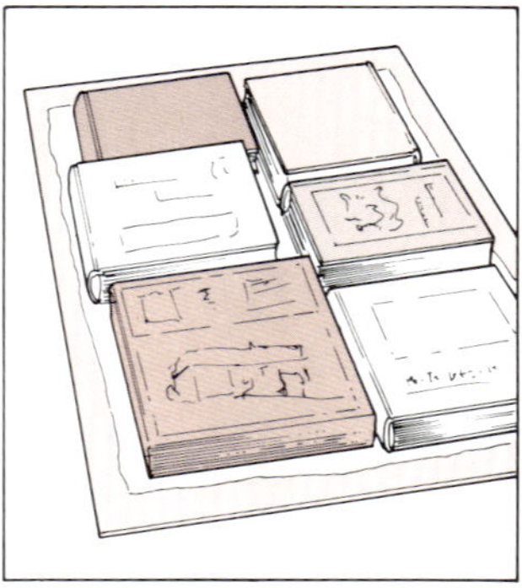

5 *Mit Tuch abdecken, mit Büchern beschweren.*

6 *Mit Filzstift eventuelle Farbfehler ausbessern.*

Vermessen

Sobald das Poster trocken ist, nehmen Sie die Maße ab. Bei den meisten Poster kann man 3 mm von der tatsächlichen Größe abziehen, um eventuelle Ungenauigkeiten des Glasers auszugleichen (siehe Seite 14). Wenn Sie das bei Ihrem Poster aber nicht tun – wenn z. B. eine Beschriftung, eine Signatur oder ein integrierender Bestandteil des Kunstwerks zu nahe am Rand ist –, müssen Sie das Glas genau nach den tatsächlichen Maßen des Posters kaufen.

Kaufen Sie nach Möglichkeit den Rahmen bei einem Fachmann, der Ihnen das Aluminium auf die exakte Glasgröße zuschneidet. Rahmenleisten gibt es fertig zugeschnitten in Größen von jeweils 5 cm länger und in einer ständig wachsenden Zahl von Stilarten zu kaufen. Sobald Sie die benötigte Größe wissen, werden Sie wahrscheinlich exakt passende Leisten finden. Wenn nicht, müssen Sie sich die Leisten zuschneiden lassen. Jede Bilderrahmenhandlung sollte Ihnen Ihre Wünsche erfüllen können.

Obwohl erst seit relativ kurzer Zeit auf dem Markt, gibt es heute Hunderte Aluminiumrahmen zur Auswahl.

Vorbereitung der Montage

Legen Sie das Glas auf das Poster, achten Sie dabei darauf, daß das Werkstück genau in der Mitte liegt, und zeichnen Sie mit einem Bleistift die Glaskanten nach. Dann schneiden Sie mit Hilfe des Abstrichlineals und eines scharfen Messers entlang der Bleistiftlinien: Das Messer muß eine absolut scharfe Klinge haben, da das Poster sonst einreißt. Poster und Glas sollten nunmehr gleich groß sein.

Legen Sie das Glas auf die Hartfaserplatte oder den Karton, wieder exakt Ecke auf Ecke. Markieren Sie die Glasgröße mit einem Bleistift auf dem Karton, und schneiden Sie ihn mit dem scharfen Messer entlang dem Abstrichlineal. Versuchen Sie den Karton etwa 0,5 mm innerhalb der Bleistiftlinie zu schneiden; dann glätten Sie die Ränder des Kartons mit Sandpapier.

Wenn Sie einen fertig zugeschnittenen Rahmen erstanden haben, empfiehlt es sich, den Rahmen auf das Poster zu legen, um herauszufinden, wie das Poster am günstigsten auf die richtige Größe zu schneiden ist. Gehen Sie wieder mit Abstrichlineal und scharfem Messer an die Arbeit.

Zusammensetzen des Rahmens

Setzen Sie drei Seiten des Rahmens zusammen; bevor der Rahmen ganz fertiggestellt ist, müssen die Aufhänger fixiert werden. Prüfen Sie, ob der Aufhänger in den Falz eingepaßt werden kann, bevor sie die vierte Leiste anfügen. Reinigen Sie nun das Glas entweder mit einem Glasreiniger oder, besser, mit einer 50:50-Mischung aus Spiritus und Wasser.

Stecken Sie das Glas in den unfertigen Rahmen und bürsten Sie den Staub mit einem weichen Naturhaarpinsel weg. Schieben Sie das Poster über das Glas ein, wobei Sie darauf zu achten haben, daß das Poster nicht durch die Glaskanten beschädigt wird. Plazieren Sie den Kartonrücken auf die Poster-Rückseite und achten Sie

Zusammensetzen von Aluminiumrahmen

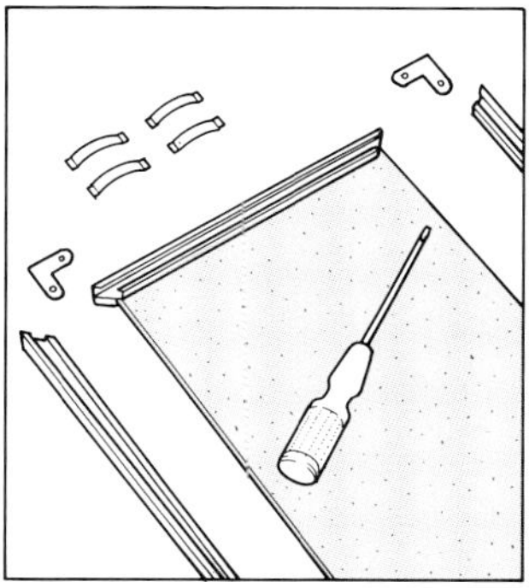

1 *Aluminiumrahmen einfach zusammenstecken.*

2 *Drei Seiten zusammenbauen, Poster einschieben.*

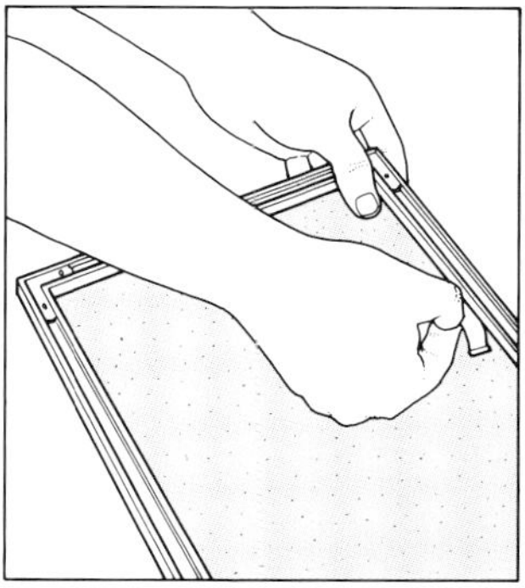

3 *Das Kunstwerk wird mit Federn in Position gehalten.*

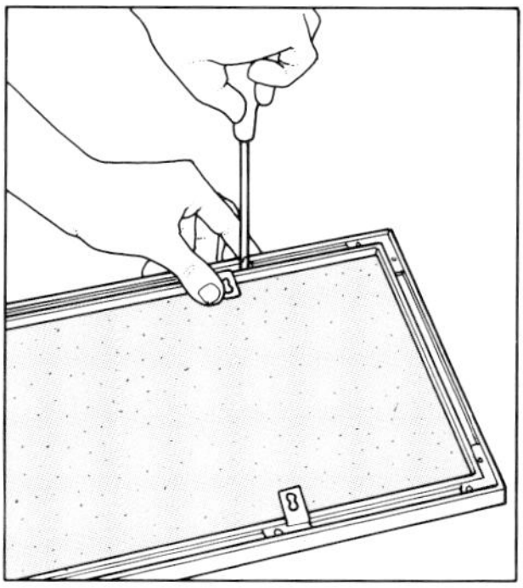

4 *Banjo-Aufhänger auf die Seiten des Rahmens schrauben.*

ständig auf Staubkörner; wenn nötig, müssen Sie das Ganze noch einmal auseinandernehmen und den Staub entfernen, bevor Sie die letzte Rahmenleiste fixieren. Staub ist nämlich in Zusammenhang mit den großen Farbflächen des Posters sehr problematisch.

Stecken Sie die Federn auf der Rahmenrückseite unter den Falz. Dadurch wird das Ganze flach gegen das Glas gepreßt. Drücken Sie die Federn allerdings nicht ganz fest hinein, weil sie, wenn notwendig, schwer zu entfernen sind. Befestigen Sie schließlich, so Sie das noch nicht getan haben, die Aufhänger auf den Seiten der Bildrückseite, ungefähr ein Drittel vom oberen Rand entfernt, und knüpfen Sie die Nylonschnur an die Aufhänger (siehe Seiten 74–75).

Banjoförmige Aufhänger

Es gibt Aufhänger, die banjoförmige Löcher haben, man kann sie am Rahmen oben befestigen und sie auf Schrauben in der Mauer hängen. Dadurch liegt das Bild flach an der Wand auf. Die Aufhänger können auch an den Seiten des Bildes befestigt werden, um das Bild mit einer Nylonschnur aufzuhängen. Überlegen Sie vor dem Kauf der Rahmenbestandteile, was sich am besten eignet.

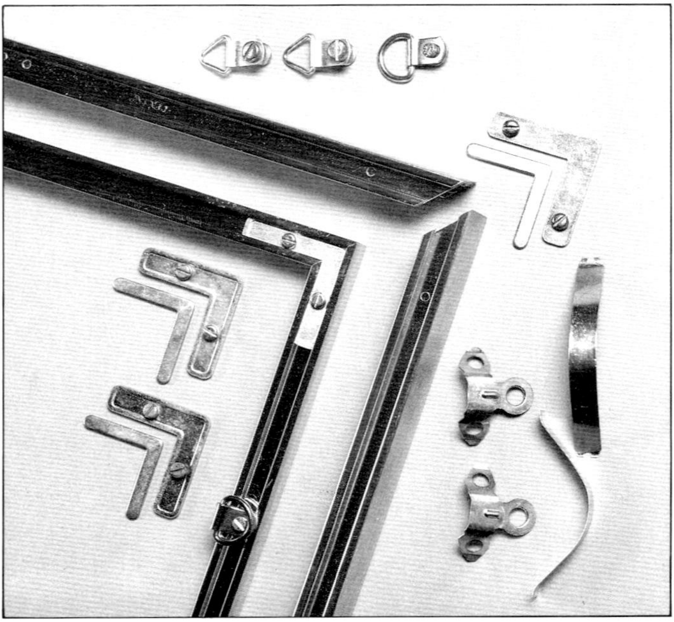

Bausätze für Aluminiumrahmen enthalten alles, was Sie für ein befriedigendes Endergebnis brauchen – Leisten, Eckstücke, Klemmen und Aufhänger.

Projekt 3: *Aquarell*

Einführung

Aquarelle sind meist viel wertvoller als Poster und Fotografien, weshalb sie für gewöhnlich in den Wohnräumen des Hauses aufgehängt sind. Die Qualität des Bildes ist oft nicht so wichtig; viele Bilder werden wegen ihres Gefühlswerts mehr geschätzt als wegen ihrer künstlerischen Aussage, und die richtige Wahl von Rahmen und Passepartout kann selbst einem durchschnittlichen oder sogar einem schlecht gemalten Bild zu besserer Wirkung verhelfen.

Es ist wichtig, nicht nur den am besten geeigneten Rahmen und das beste Passepartout für das Bild zu wählen, sondern auch die Ausgestaltung des Raumes, in dem das Bild seinen Platz finden soll, zu bedenken. Es würde z. B. eigenartig aussehen, wenn ein viktorianisches Aquarell einen silberglänzenden Aluminiumrahmen hätte und in einem Raum mit antiken Möbeln hinge. Sehen Sie sich Aquarelle vor allem in Museen und historischen Häusern an, um herauszufinden, was zueinander paßt.

Wenn Sie ein besonders wertvolles Aquarell rahmen wollen, sollten Sie die besonderen Vorsichtsmaßnahmen auf Seite 73 beachten.

Techniken

Obwohl manche Fotografien und Poster mit einem Passepartout besser aussehen, wurden bei den ersten beiden Projekten keine verwendet. Bei einem Aquarell ist jedoch ein Passepartout notwendig; die Techniken werden im folgenden beschrieben. Diese Arbeit ist nicht schwierig, aber nur besondere Sorgfalt bringt Erfolg. Es ist auch möglich, ein Passepartout entweder mit Linien, Farbe oder einem Band zu verzieren oder mit einer Kombination aller drei (siehe Seiten 66–67).

Wie wir gesehen haben (siehe Seiten 24–25), gibt es eine ständig steigende Zahl von fertig zugeschnittenen Rahmen und Rahmenteilen auf dem Markt, und viele davon eignen sich bestens für unsere Zwecke. Wenn Sie Ihre Bilderrahmen jedoch selbst zuschneiden wollen, so ist das nicht sehr schwierig; es genügen eine Gehrungslade und eine kleine Säge, wenn die Stücke nicht zu breit sind. Damit hat man eine viel größere Auswahl.

Kleben und nageln ist die beste Methode zum Zusammenbau der Einzelteile dieser Art Rahmen, die das Gewicht von Glas, Passepartout, Kunstwerk und Bildrücken tragen müssen. Schließlich muß das Aquarell mit dem Passepartout und den übrigen Lagen montiert werden.

Rahmen und Passepartout müssen dem Bild entsprechen und auch in seine Umgebung passen.

Vermessen eines Passepartouts

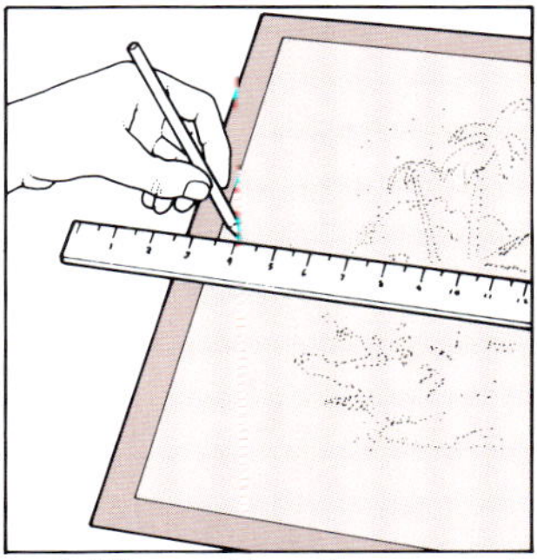

1 *Größe von Umrahmung und Bild festlegen.*

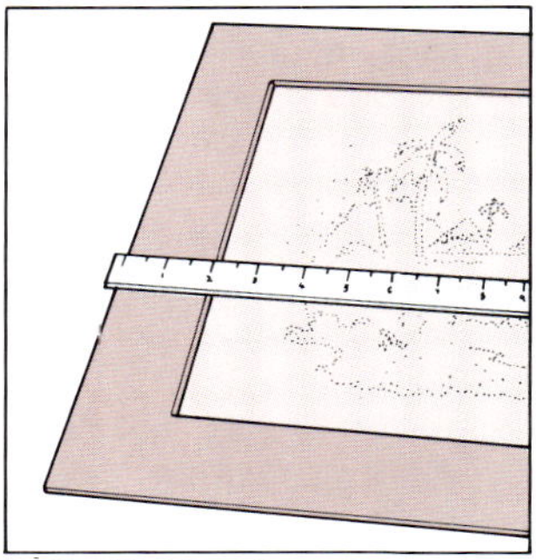

2 *2× die Umrahmungs- + der Bild- = Passepartout-Größe.*

Vermessen des Bildes

Obwohl es keine verbindlichen Regeln für die Größe eines Passepartouts bei Aquarellen gibt, hat ein Bild mit durchschnittlich 40×50 cm Größe üblicherweise oben und an den Seiten einen Rand von 5 cm und unten einen von etwa 5,6 cm. Der größere Rand unten verhindert, daß das Bild optisch aus dem Rahmen zu fallen droht, was bei gleich großen Rändern auf allen vier Seiten der Fall sein kann.

Im allgemeinen gilt: Je größer das Bild, desto größer das Passepartout. Wenn das Objekt besonders klein ist, wie etwa eine Miniatur, ist es jedoch üblich, es mit einer Umrahmung von bis zu 16,5 cm zu versehen. Die Bildgröße des in Projekt 3 gezeigten Aquarells bzw. die Größe des Bildes innerhalb des Passepartouts beträgt 36×50 cm. Wenn man je 10 cm an den beiden Seiten und je 10,6 cm oben und unten für die Umrandung dazurechnet, so wird das fertig gerahmte Bild eine Größe von 46,6×60 cm haben. Also muß das Passepartout auf diese Größe zugeschnitten werden.

Das Passepartout

Der Sinn eines Passepartouts besteht darin, das Bild in seiner bestmöglichen Form zu präsentieren. Farbe, Design und Größe eines Passepartouts hängen zwar vom persönlichen Geschmack ab, doch sollte man bedenken, daß das Passepartout ein Kunstwerk nur besser herausstellen, auf gar keinen Fall aber erdrücken soll.

Ursprünglich wurden Passepartouts in den Größen 112×80 cm hergestellt. Heute verkaufen viele Geschäfte halb so große Blätter. Es ist jedoch wirtschaftlicher, Passepartoutblätter in der Doppelgröße zu kaufen, es sei denn, Sie wissen ganz genau, daß Sie nur ein kleines Blatt brauchen. Für das normale Rahmen von Bildern genügt ein Kartonblatt der Stärke Nr. 6, da es eine deutlich erkennbare Tiefe ergibt und dadurch garantiert, daß die Bildoberfläche von der Glasfläche weit genug entfernt ist. Das ist für ein Aquarell nicht so wichtig wie für eine Pastellzeichnung, bei der die Oberfläche beschädigt würde, käme sie mit dem Glas in direkte Berührung. Sie müssen sich also zuerst von der Beschaffenheit Ihres Bildes überzeugen.

Bevor Sie zu schneiden beginnen, legen Sie das Passepartout auf eine passende Arbeitsfläche – eine 1,3 cm dicke Spanholzplatte, 1,2×1,2 cm groß, ist genau richtig. Befestigen Sie das Abstrichlineal wenn möglich mit Schraube und Mutter, indem Sie den Schraubenkopf so in die Unterseite der Platte versenken, daß diese auf einen Tisch gelegt werden kann, ohne Schaden anzurichten. Die Ihnen zugewandte Seite des Abstrichlineals sollte 1,3 cm über die Plattenkante hinausreichen. Damit die Platte nicht rutschen kann, legen Sie ein rutschfestes Material, am besten ein Stück gummierten Teppichboden, zwischen die Platte und die Arbeitsfläche.

Die endgültige Größe des fertig gerahmten Aquarells soll 46,6×60 cm sein, weshalb man das Kartonblatt in dieser Größe zuschneiden muß. Zuerst schneiden Sie ein Stück Karton in 25 cm Breite ab, das Sie als Schnittstreifen verwenden; vielleicht aber haben Sie noch einen alten Streifen daheim. Indem Sie diesen Streifen unter den Passepartout-Karton und das Abstrichlineal legen, verhindern Sie, daß die Klinge des Messers auf der Spanholzplatte stumpf wird; um mit dem Messer nicht in eine alte Schnittrille zu rutschen, schieben Sie den Schnittstreifen nach jedem Schnitt ein kleines Stück weiter. Messen Sie dann 46,6 cm von der kürzeren Seite des Passepartoutkartons hinein, und machen Sie sich Bleistiftmarkierungen ungefähr 15 cm von der oberen und der unteren Kante weg. Schieben Sie nun den Karton unter das Abstrichlineal, wobei die beiden Bleistiftmarkierungen rechts knapp sichtbar sein müssen, und schneiden Sie genau zwischen dem Abstrichlineal und den Markierungen. Dadurch ist die zugeschnittene Größe eine Spur kleiner als die angegebene Größe, so daß das Passepartout problemlos in den vorgesehenen Rahmen passen wird.

Wiederholen Sie den ganzen Vorgang für die 60-cm-Abmessung. Um sicherzustellen, daß alle Ecken rechtwinkelig sind, messen Sie die zwei Diagonalen; diese müssen dieselbe Länge haben. Wenn das nicht der Fall ist, müssen Sie noch einmal ganz von vorne beginnen. Das verpatzte Kartonblatt kann für ein kleineres Bild verwendet werden, vorausgesetzt, Sie machen die Ecken rechtwinkelig.

Ein Fenster ausschneiden

Das Fenster wird als solches bezeichnet, weil die vier Seiten rundherum eine Umrahmung ergeben, in der das Bild sitzt. Man kann das Bild auch auf den Karton legen, das vereinfacht den Arbeitsgang, ergibt aber nicht den gleichen »Fenster«-Effekt. Deshalb werden wir hier das Mittelstück aus dem Karton herausschneiden, um dem fertigen Objekt Tiefe zu verleihen; daher der Ausdruck »Fensterrahmen«. Um sicherzustellen, daß das Erscheinungsbild nett und sauber ist, macht man abgeschrägte Schnittkanten. Die Abschrägung sollte ungefähr 60° zur Fläche geneigt sein. Um die richtige Abschrägung zu erreichen, muß das Messer 45° bis 60° zur Fläche geneigt gehalten werden. Dabei muß man die Hände verkreuzen.
Wir haben bereits festgehalten, daß die Umrahmung oben und an den Seiten je 5 cm und unten 5,6 cm beträgt. Messen Sie von den Kanten des Kartons 5 cm vom oberen Rand, 5,6 cm vom unteren und jeweils 5 cm von den Seiten hinein, und zeichnen Sie ein Rechteck, indem Sie diese Meßpunkte auf der rechten Seite des

Zuschneiden eines Passepartouts

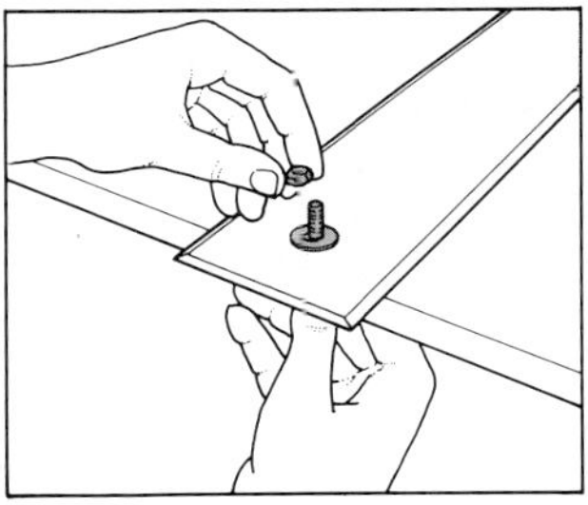

1 *Abstrichlineal auf Spanholzplatte befestigen.*

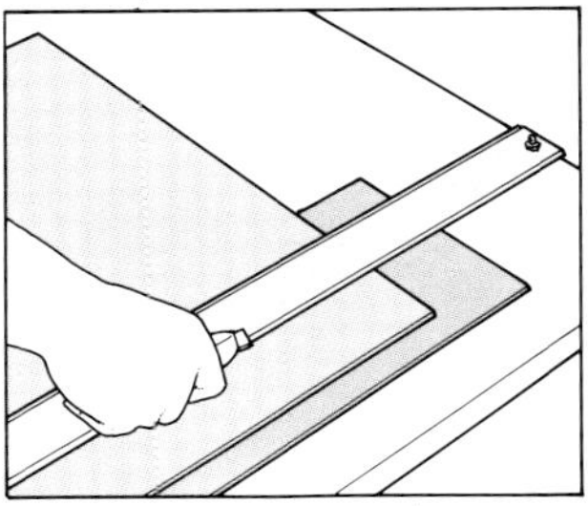

2 *Kartonblatt unter Abstrichlineal schneiden.*

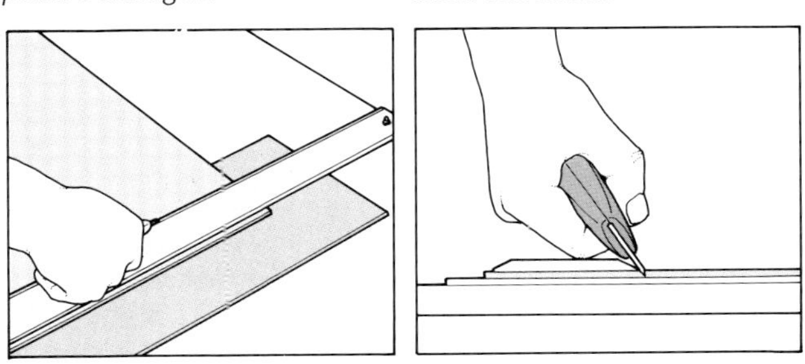

3 *Fenster mit 60° geneigtem Messer aus Karton schneiden.*

Ein sorgfältig gewählter »Fenster«-Rahmen mit oder ohne Verzierung kann ein Aquarell außerordentlich heben.

Kartons miteinander verbinden. Legen Sie den Karton unter das Abstrichlineal, und zwar so, daß der größere Teil des Kartons links ist. Die Bleistiftlinie sollte noch sichtbar sein, ungefähr 3 mm von der linken Seite des Abstrichlineals.

Drücken Sie das Abstrichlineal mit der linken Hand fest auf den Karton, und greifen Sie mit der rechten Hand über die linke, um den Schnitt zu führen. Beginnen Sie mit dem Schnitt oben, und führen Sie ihn nach unten. Der Schnitt muß beim ersten Mal sauber gemacht werden – zwei oder mehr Versuche werden kein gutes Ergebnis bringen –, also müssen Sie sich vor Beginn vergewissern, daß Ihr Messer so scharf wie möglich ist. Es ist auch sehr wichtig, daß Sie die Neigung des Messers während des gesamten Schnitts beibehalten. Nach jedem fertiggestellten Schnitt muß der Passepartout-Karton auf der Schnittunterlage ein wenig verschoben werden, so daß der neue Schnitt nicht in der vorherigen Schnittrille verläuft. Es kann nötig sein, die inneren Ecken mit einer sehr feinen Rasierklinge zurechtzuschneiden, um sicherzugehen, daß sie rechtwinkelig, sauber und glatt geschnitten sind. Legen Sie das Passepartout über das Bild, um zu sehen, ob es genau paßt, bevor Sie weiterarbeiten.

Es empfiehlt sich, das Glas zu kaufen, bevor Sie den Rahmen zusammensetzen, um ein perfektes Passen zu garantieren; der nächste Schritt ist also der Glaskauf. Das Glas kann dann als Schablone für die weiteren Rahmungsarbeiten verwendet werden. Das Glas sollte entsprechend der Gesamtgröße des Passepartouts bestellt werden.

Zuschneiden eines Rahmens

Für das Zuschneiden kleiner Rahmen genügen eine gewöhnliche Gehrungslade und eine Säge. Um einen ordentlichen Schnitt der Rahmenleiste zu erreichen, muß eine feingezähnte Säge verwendet werden, je mehr Zähne pro Zentimeter, desto besser. Ideal geeignet ist eine feingezähnte Bügelsäge mit einem 25-mm-Blatt. Ein solches Sägeblatt bei einer Bügelsäge verhindert, daß das Blatt in der Gehrungslade wackelt und so einen unsauberen Schnitt liefert.

Alle Rahmenabmessungen werden von der Innenseite des einen Falzes zur Innenseite des gegenüberliegenden Falzes genommen. Da der Falz unter dem Rahmen liegt, ist er beim Schneiden nicht zu sehen. Um die Rahmenleisten auf die korrekte Länge zuschneiden zu können, muß man daher die Gesamtlänge jedes einzelnen Stücks kennen.

Die Formel, um das herauszufinden, lautet:

Glasabmessung plus 1,5 mm – als Toleranz – plus zweimal die Breite der Rahmenbasis (d. h. ohne Falz)
= Gesamtlänge der benötigten Rahmenleiste

Damit hat man die Länge eines Rahmenstücks. Sie müssen zwei Stücke in dieser Länge zuschneiden, dann nehmen Sie die Abmessungen für die anderen zwei Stücke vor (außer Sie schneiden einen quadratischen Rahmen zu). Es ist vorteilhaft, die langen Leisten zuerst zuzuschneiden; denn falls Sie einen Fehler machen, können Sie diese Stücke wenigstens noch für die kurzen Leisten verwenden.

Leisten zuschneiden

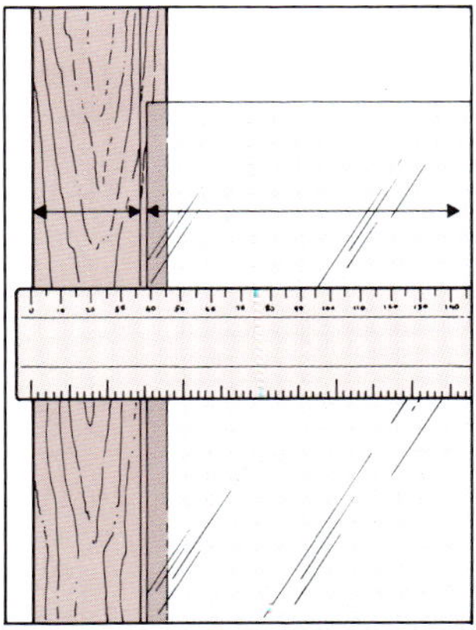

1 *Auf Unterseite messen, einschließlich des Falzes.*

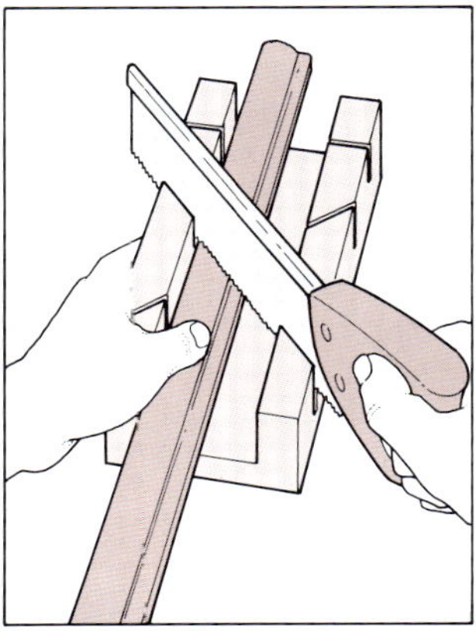

2 *Leiste von oben schneiden; Falz ist nicht sichtbar.*

Gängige Leistenarten mit unterschiedlichem Falz, für den Amateur leicht mit Handsäge und Gehrungslade zuzuschneiden.

Zusammensetzen eines Rahmens

Wenn auch moderne Kompaktkleber allein für das Zusammensetzen von Rahmen oft ausreichen, ist es doch am besten, für diese Arbeit sowohl Kleber wie Nägel zu verwenden. Die Kombination von Kleber und Nägeln hat sich über die Jahre bewährt, vor allem für große Bilder mit dünnen Rahmen, die keine ausreichende Kontaktfläche für den Kleber haben. Sie werden auch einen kleinen Schraubstock und einen kleinen elektrischen Bohrer brauchen; diese Methode erfordert zwar einige Übung, aber sie ist billig und wird allgemein gehandhabt.

Richten Sie sich zuerst den Schraubstock her: Die hintere Backe muß eine Abdeckung haben – Sperrholz ist ideal geeignet –, so daß die Metallbacke genau an den Falz stößt und die mit Holz abgedeckte Backe gegen die äußere Kante der Leiste drückt, ohne sie zu beschädigen, wenn die Leiste im Schraubstock eingespannt ist. Die Abdeckung kann festgeschraubt werden. Der Schraubstock soll an einer Ecke der Arbeitsfläche angeschraubt werden, mit dem Bohrer griffbereit daneben.

Sehr kleine Bohrerspitzen sind schwer zu bekommen und brechen auch leicht, benützen Sie also einen Stahlstift als Bohrerspitze. Zum Rahmen kleiner bis mittelgroßer Bilder reichen dünne Stifte von 25 mm Länge üblicherweise aus.

Als ersten Schritt beim Zusammenbauen eines Rahmens nehmen Sie eine der langen Leisten und legen sie in den Schraubstock, wobei das rechte Ende 25–38 mm aus dem Schraubstock herausragen soll. Als nächstes nehmen Sie eine der kurzen Leisten und stimmen die Gehrung (45°) genau ab. Das ganze ist leichter zu handhaben, wenn Sie die Gehrung mit einer Hand zusammenhalten und das andere Ende der kurzen Leiste mit einem kleinen Holzblock unterstützen; damit haben Sie die andere Hand zum Kleben, Nageln und Bohren frei. Bohren Sie zwei Löcher in die Verbindung, eines oben und eines unten. Größere Rahmen brauchen drei Löcher. Achten Sie darauf, die Löcher gerade zu bohren, sonst kommen die Nägel bei den Seiten des Rahmens heraus; diese Löcher sollten zwei Drittel der vorgesehenen Länge der Stifte haben. Sobald Sie die Löcher gebohrt haben, entfernen Sie die kurze Leiste und tragen einen guten Holzkleber (keinen schnelltrocknenden Kleber) auf einem Ende der längeren Leiste auf. Drücken Sie die kurze Leiste auf die mit Kleber versehene lange Leiste und schlagen Sie den Stift mit einem Pinnhammer bündig ein, um die Verbindung herzustellen.

Nehmen Sie die beiden miteinander verbundenen Leisten aus dem Schraubstock und legen Sie sie beiseite, wiederholen Sie dann den Vorgang mit den zwei anderen Leisten. Die letzten Verbindungen, um den Rahmen zu vollenden, sind leichter auszuführen, wenn Sie mehrere Holzblöcke haben, um den Rahmen zu unterstützen, so daß die Verbindungen nicht zerstört werden, bevor der

Zusammensetzen eines Rahmens

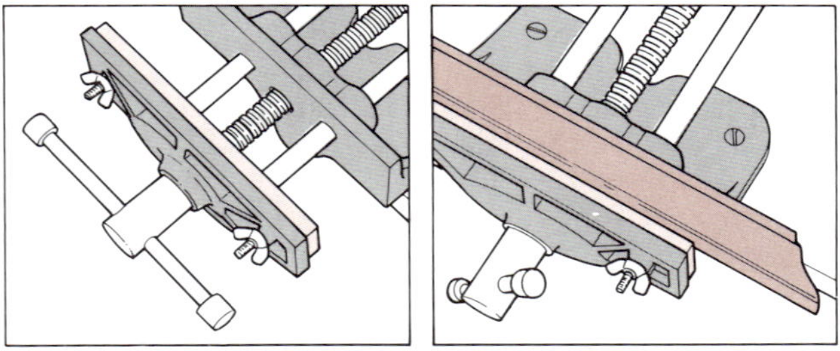

1 *Hintere Schraubstockbacke abdecken, um Beschädigung der Leisten zu verhindern, dann Leiste festschrauben.*

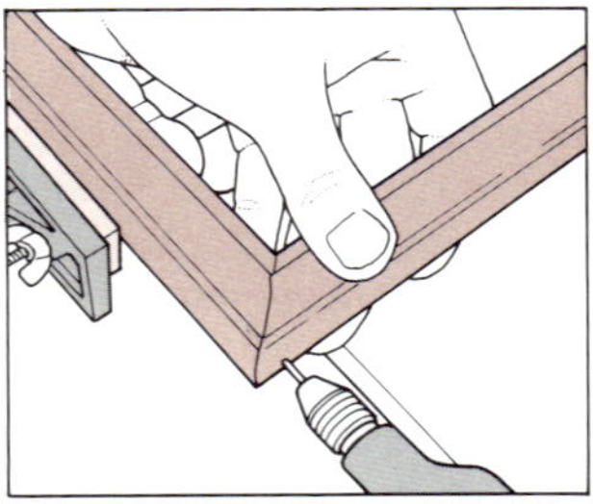

2 *Gehrungen genau abstimmen, zwei Löcher bohren.*

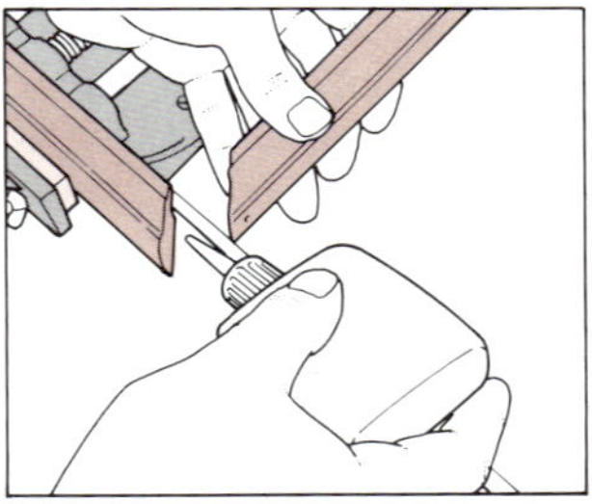

3 *Kleber auf Verbindungsfläche auftragen.*

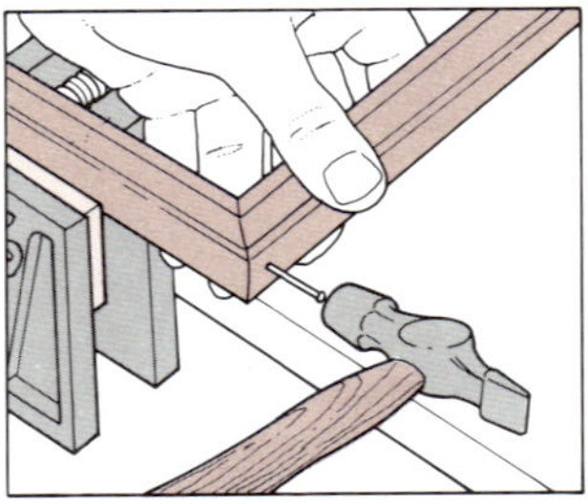

4 *Stifte einschlagen, um Gehrungen zu verbinden.*

5 *Mehrere Blöcke unterstützen die Leisten.*

Kleber getrocknet ist. Sobald Sie fertig sind, legen Sie den ganzen Rahmen für die Nacht beiseite, so daß der Kleber gut trocknen kann.

Wenn der Rahmen trocken ist, färben Sie die Stiftköpfe mit der passenden Farbe oder mit einem Filzschreiber nach, so daß man sie nicht mehr sieht. Sie können aber auch die Stifte weiter in den Rahmen treiben und dann die Löcher mit Kitt füllen, der die Farbe des Bilderrahmens hat.

Vorbereiten des Kunstwerks für die Fertigstellung

Überprüfen Sie Glas und Passepartout, um sicherzugehen, daß sie in den Rahmen passen und gerade und flach sind.

Viele Aquarelle und Drucke sind auf dünnem und oft zerknittertem Papier ausgeführt. Diese Knitter müssen geglättet werden, bevor Sie das Bild hinter dem Passepartout befestigen, um das Bild so ansprechend wie möglich erscheinen zu lassen. Die angewandte Methode entspricht der Naßmontage (beschrieben auf den Seiten 22–23). Befeuchten Sie die Rückseite des Bildes mit nicht zu nasser Watte; Einwirkungszeit 10 Minuten. Die benötigte Feuchtigkeit hängt von der Dicke des Papiers ab; je dicker das Papier, desto feuchter muß es gemacht werden. Befestigen Sie ein Stück gummierten Papierklebstreifen am oben Ende des Kunstwerks, so daß das Passepartout daraufgelegt werden kann. Drehen Sie dann das Bild um, und kleben Sie nun die restlichen drei Seiten des Bildes fest. Sobald das Papier trocken ist, wird es sich ganz leicht gespannt haben, und die Knitter werden verschwunden sein. Es ist wichtig, das Bild festgeklebt zu haben, bevor es ganz getrocknet ist.

Wenn Sie ein sehr wertvolles Objekt haben, gehen Sie nicht nach der oben beschriebenen Methode vor, sondern fixieren Sie es mit zwei kleinen Klebstreifen auf dem Passepartout, um eine Beschädigung des wertvollen und oft empfindlichen Papiers zu vermeiden. Für die Montage von wertvollen Objekten sollte man einen säurefreien Karton (als Museumskarton bekannt) verwenden (siehe Seite 73).

Fertigstellung

Legen Sie das Glas auf einen starken Karton, ziehen Sie die Ränder mit einem Bleistift nach, und schneiden Sie ihn aus, wie auf den Seiten 14–15 beschrieben. Manche Rahmen haben einen schmalen Falz; wenn Sie also keinen 2 mm starken Karton bekommen können, werden Sie die Ränder des Kartons abschrägen müssen, indem Sie sie mit einem Universalmesser beschneiden.

Fixieren Sie zwei D-Ringe auf dem Karton, wie auf den Seiten 16–17 beschrieben, aber vergewissern Sie sich, daß die Nieten hinter dem Passepartout und nicht hinter dem Bild sind. Sollten diese später rosten, würden sie nämlich das Bild beschädigen. Wenn Ihr Rahmen jedoch ziemlich massiv ist, dann befestigen Sie die Ösenschrauben an den Seiten des Rahmens.

Reinigen Sie das Glas auf beiden Seiten, und bürsten Sie eventuellen Staub mit einem Naturhaarpinsel weg. Legen Sie Kunstwerk, Passepartout und Kartonrücken aufeinander, drehen Sie dann das Ganze um, und achten Sie darauf, daß keine Staubkörner mehr vorhanden sind. Nun kann der Rücken auf dem Rahmen befestigt

Fertigstellen des Bildes

1 *Befeuchten, auf Klebstreifen drücken; Passepartout darüber.*

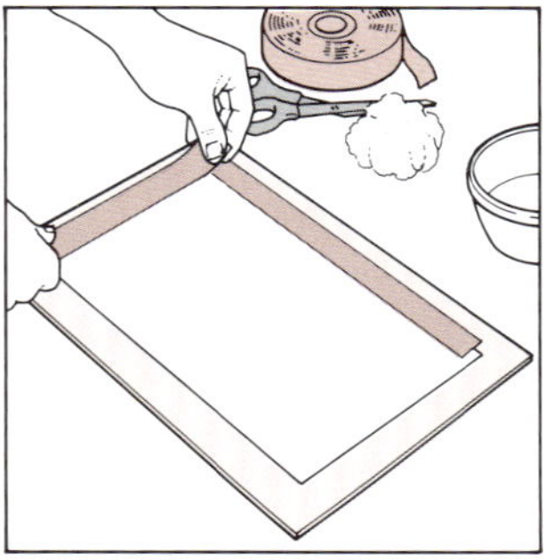

2 *Umdrehen und die drei restlichen Seiten festkleben.*

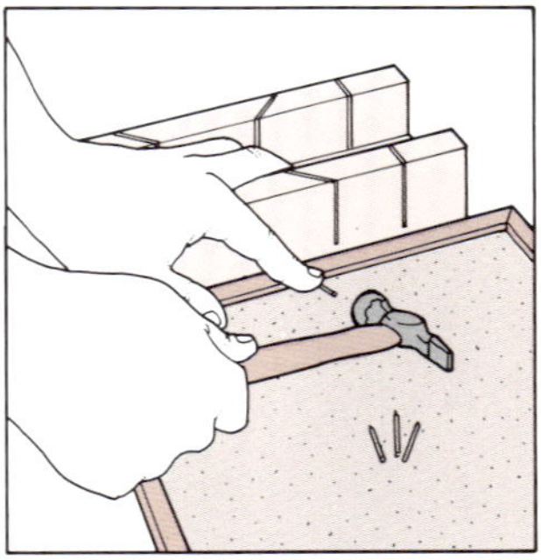

3 *Kartonrücken festnageln; an Gehrungslade abstützen.*

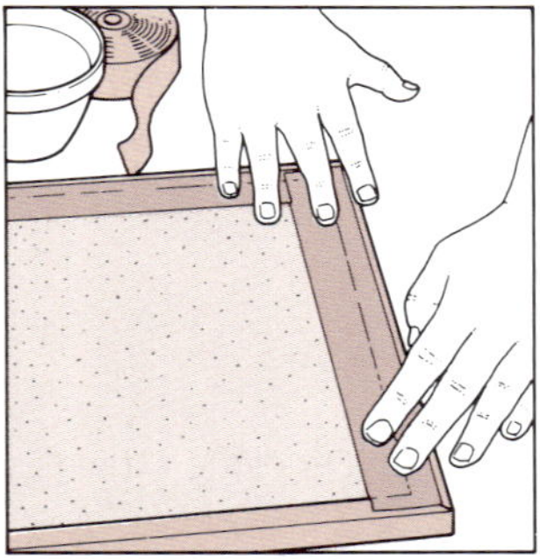

4 *Rücken versiegeln und Zwischenräume abdecken.*

werden. Halten Sie den Karton mit der Kante einer Hand in Position, wobei Daumen und Zeigefinger frei bleiben, um die Stifte zu halten. Schlagen Sie nun Stifte von der Art, die Sie für den Zusammenbau des Rahmens verwendet haben, im Abstand von 10 cm rundherum in die Seiten des Rahmens.

Kleben Sie dann gummierten Klebstreifen oder ein Abdeckband (ersteres sieht besser aus) über die Verbindungsstelle zwischen Rahmenleiste und Karton. Dafür gibt es drei Gründe: Es hindert Insekten und Milben, die das Kunstwerk zerstören könnten, in das Objekt einzudringen; es hält den Rahmen an seinem Platz; und es sieht besser aus.

Abschließend befestigen Sie die Nylonschnur an den D-Ringen (siehe Seite 16 bzw. Seiten 74–75) oder auf den massiveren Leisten; es ist einfacher, die D-Ringe in den Rahmen zu schrauben, als sie in den Karton zu nieten. Für kleine Bilder kann man als Alternative kleine Ösenschrauben verwenden.

Projekt 4: *Ölgemälde*

Spannen und Rahmen der Leinwand

Ölgemälde sind üblicherweise auf Leinwand oder Holz gemalt. Alte Meister verwendeten meist Leinwand, ebenso wie Künstler heute – Hobbymaler tendieren eher zu Spanplatten. Aus dem Fernen Osten importierte Ölgemälde sind fast ausschließlich auf Leinwand gemalt, da diese leichter ist und eingerollt transportiert werden kann. Wie jede Leinwand müssen diese Bilder jedoch vor dem Rahmen gespannt werden. Diese Art Ölgemälde ist relativ billig, leicht beschaffbar und eignet sich besonders gut für einen Erstversuch, ein solches Gemälde zu rahmen.

Ölgemälde können sehr eindrucksvoll sein. Sie sind oft viel größer als andere Bilder und werden daher gerne in die Diele oder im Wohnraum des Hauses plaziert. Ihre Wirkung hängt fast zur Gänze von den Kosten (und daher der Qualität) der verwendeten Materialien ab. Ein an sich gutes Ölgemälde kann unansehnlich und wertlos wirken, wenn es nur mit einem einfachen Holzrahmen versehen ist, während ein üppiger Goldrahmen das Werk des Künstlers zu entsprechender Wirkung bringen – und außerdem zum bestimmenden Element des Raumes machen kann. Sie haben zu entscheiden, welche Art Rahmen am besten zum Werk des Künstlers paßt und auch mit der Ausgestaltung und Einrichtung ihres Raumes übereinstimmt. In unserem Projekt geht es um einen eher traditionellen Rahmen.

Rahmenleisten für Ölgemälde sind teuer, aber alles andere als gute Qualität schmälert das Kunstwerk. Wählen Sie einen Rahmen, der farblich mit dem Gemälde übereinstimmt.

Spannen der Leinwand

Wenn das Gemälde auf Leinwand gemalt ist, muß man zunächst einmal die Leinwand spannen (Tafelgemälde brauchen nicht gespannt zu werden). Leinwände werden auf Spannkeile gespannt – genutete Holzstücke, die alle ineinanderpassen. Diese werden in Vielfachgrößen von 5 cm erzeugt, z. B. 25×35 cm, 30×45 cm usw., komplett mit Holzkeilen, die in die inneren Ecken des Rahmens passen.

Wenn die Keile hineingetrieben werden, dehnen sie den Rahmen nach außen. Kaufen Sie die Spannkeile eine Spur kleiner als die Bildgröße auf der Leinwand, so daß der unbemalte Rand der Leinwand nach dem Rahmen nicht zu sehen ist. Es kann allerdings leider notwendig sein, daß ein winziges Stück der Malerei verloren geht.

Sollte Ihr Gemälde nicht in einen Standardkeilrahmen passen, so ist es möglich, den Keilrahmen zu vergrößern, indem Sie ein Stück Leiste, das genauso lang wie der Rahmen ist, auf der Außenseite eines der Spannkeile aufnageln.

Die Bildgröße des abgebildeten Gemäldes mißt z. B. 51,3× 40 cm, es ist also notwendig, Spannstücke in der Größe 50×40 cm und ein Stück Leiste 1,3 cm stark und 40 cm lang zu kaufen. Nageln Sie die Leiste auf einen der 40 cm langen Spannkeile, so daß das 50-cm-Stück nunmehr 51,3 cm mißt. Nuten Sie die Spannstücke zusammen, und achten Sie darauf, vier rechte Winkel zu haben. Messen Sie die Diagonalen, um sicherzugehen, daß sie ganz gleich lang sind – dann ist der Rahmen rechteckig. Anderenfalls müssen Sie nacharbeiten. Mit einiger Übung werden Sie es aber problemlos schaffen, die Leinwand zu spannen.

Legen Sie die Leinwand mit der Malerei nach oben auf den Keilrahmen, und klammern Sie, beginnend oben in der Mitte, die Leinwand mit einem Nagler an den Seiten des Keilrahmens fest. Ziehen Sie die Leinwand straff über den Rahmen, und klammern Sie sie unten in der Mitte fest, ziehen Sie dann die Leinwand zu den Ecken und klammern Sie sie dort fest. Die ganze Leinwand sollte nun flach sein. Sind Sie mit dem Ergebnis dieser Arbeit zufrieden, dann klammern Sie die Leinwand um den ganzen Rahmen herum fest. Spannen Sie die Leinwand so straff wie möglich, bevor Sie die restlichen Drahtklammern einschießen, und achten Sie darauf, daß der Keilrahmen immer rechtwinkelig bleibt. Schlagen Sie die Spannkeile leicht in Position, wodurch Sie den Rahmen dehnen, bis das Ölgemälde straff gespannt ist. Ein kleines Stück Leinwand wird nun etwas über den Keilrahmen hängen. Schlagen Sie dieses Stück sorgfältig an den Ecken ein, und nageln Sie es fest. Damit ist dieser Arbeitsgang beendet.

Spannen der Leinwand

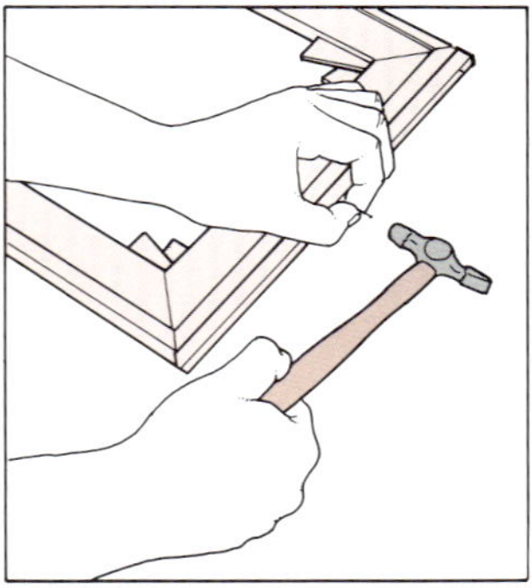

1 *Leiste zur Korrektur der Größe an Keilrahmen nageln.*

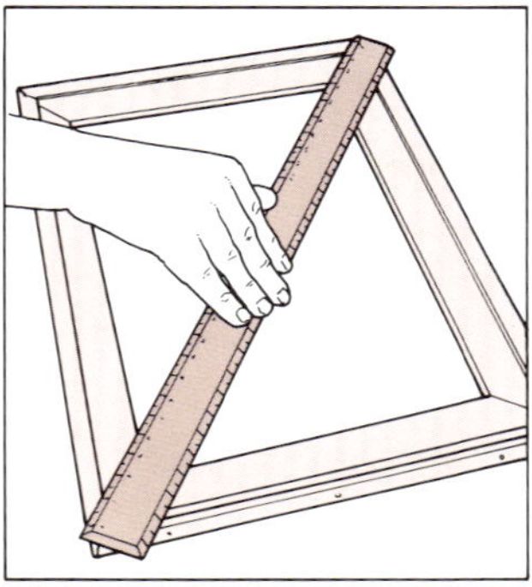

2 *Rechtwinkligkeit des Rahmens prüfen.*

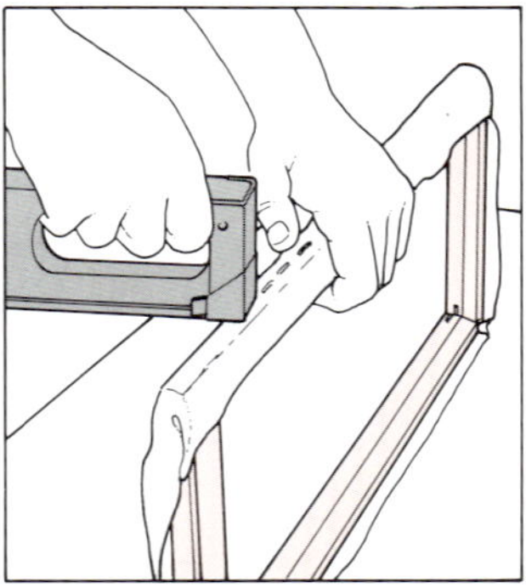

3 *Leinwand außen auf Keilrahmen klammern.*

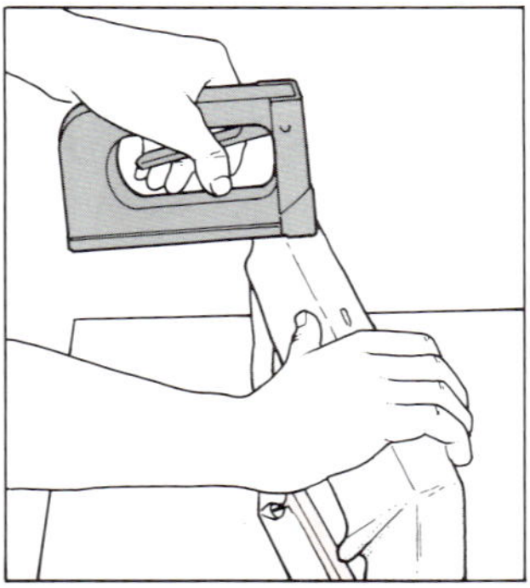

4 *Rundherum arbeiten, dabei Leinwand straff spannen.*

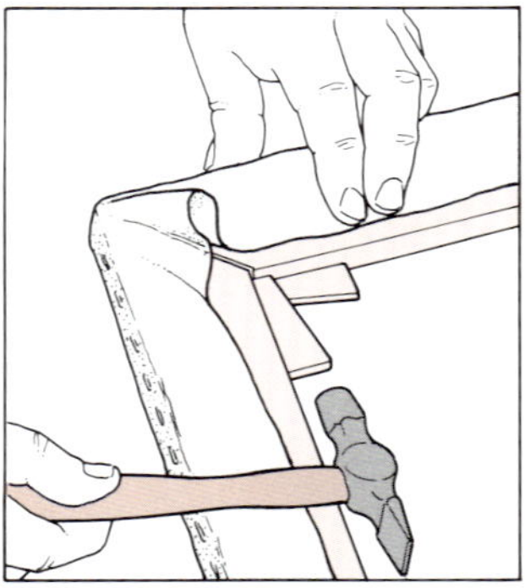

5 *Keile in Position schlagen, um Rahmen auszudehnen.*

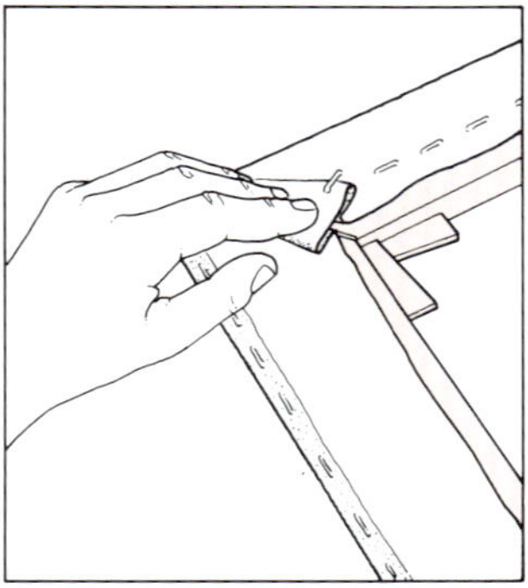

6 *Überhang an den Ecken einschlagen und festnageln.*

Vermessen

Messen Sie den Keilrahmen außen ab. Es empfiehlt sich, ungefähr 3 mm zuzugeben, um sicherzugehen, daß die Leinwand leicht in den fertigen Bilderrahmen einrastet. Diese 3 mm hängen allerdings vom Falz am Rahmen, den Sie verwenden wollen, ab. Viele Rahmenleisten haben nur einen schmalen Falz, in diesem Fall muß die Toleranz natürlich geringer sein.

Firnissen

Ölgemälde müssen, wie andere Kunstwerke auch, vor Unreinheiten in der Luft geschützt werden. Für viele Objekte eignet sich Glas als Abdeckung sehr gut, für Ölgemälde empfiehlt es sich jedoch nicht. Ölgemälde müssen »atmen«; wenn ihnen das nicht möglich ist, können Mehltau und Schwamm zu einem größeren Problem werden als Zigarettenrauch, offenes Feuer usw. Firnis schützt die Ölfarbe und kann sogar erneuert werden, wenn er im Laufe der Jahre seine Schutzfunktion verliert.

Wenn Sie ein altes Ölgemälde, dessen Firnis erneuert werden soll, rahmen oder neu rahmen wollen, bringen Sie das Bild entweder zu einem Restaurator, oder lesen Sie in einem entsprechenden Fachbuch nach.

Wenn die Leinwand noch nicht gefirnißt ist, wird es nötig sein, einen dünnen Überzug aus qualitativ gutem Ölgemäldefirnis aufzutragen. Es gibt mehrere geeignete Produkte auf dem Markt. Die Farbe muß absolut ausgehärtet sein – dieser Vorgang dauert bis zu zwei Jahren –, bevor Firnis aufgetragen werden kann, damit man nicht Gefahr läuft, daß der Firnis sich mit der Ölfarbe mischt.

Zuschneiden des Rahmens

Wie wir auf den Seiten 34–35 gesehen haben, ist es möglich, einen Rahmen mit Hilfe von Gehrungslade und Säge zuzuschneiden. Für den Unerfahrenen kann es jedoch Schwierigkeiten bereiten, wenn der Rahmen breiter als 2,5 cm ist. Wenn Ihr Rahmen also breiter ist, gehen Sie mit größter Sorgfalt und genau nach den angegebenen Richtlinien vor.

Es gibt zwei Alternativen. Entweder Sie haben vor, mehrere Bilder zu rahmen, dann zahlt es sich aus, eine aufwendigere Gehrungslade und die entsprechende Säge zu kaufen. Oder aber Sie besorgen sich die bereits zugeschnittenen Leisten in einem Bilderrahmengeschäft.

Wichtig ist, daß die Schnittkanten genau im 45°-Winkel sind – bei den Rahmenarten, die für Ölgemälde verwendet werden, können Fehler kostspielig werden.

Ein Ölgemäldefirnis guter Qualität kann leicht mit Naturhaarpinsel oder Wattebausch aufgetragen werden.

Im Handel gibt es viele ausgezeichnete Gehrungssägen, doch wenn man nicht selbst sehr viele Rahmen zuschneiden will, ist derartiges Spezialwerkzeug zu teuer.

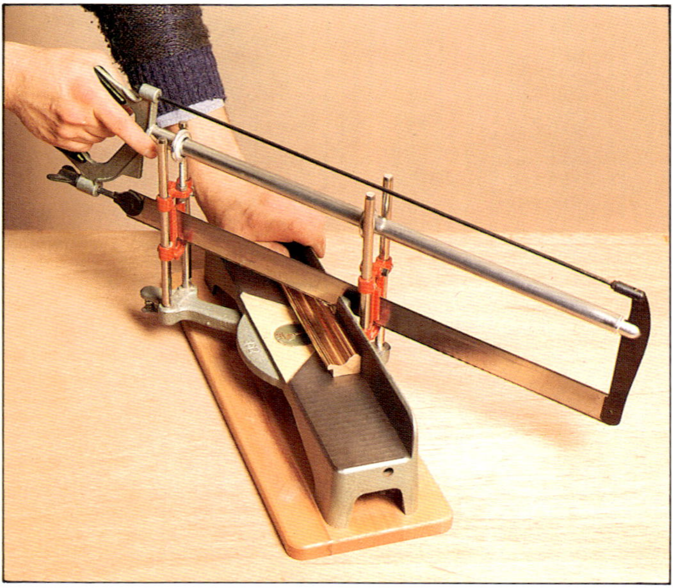

Zusammensetzen des Rahmens

Die geeignete Methode zum Zusammensetzen eines Rahmens ist die Verwendung von einem guten Kleber und Nägeln (siehe Seiten 36–37). Das gilt vor allem für kleinere Rahmen, bei denen die Gehrungsflächen klein sind, das Gewicht der einzelnen Teile des Bildes jedoch relativ groß.

Bei einem größeren Rahmen wie dem unseren, ohne Glas und nur mit einer leichten Leinwand, die zu rahmen ist, reicht Kleben aus. Nehmen Sie die vier zugeschnittenen Rahmenleisten, bestreichen Sie die Gehrungsflächen mit einem guten Holzkleber, dann legen Sie die Stücke eben auf die Arbeitsfläche und setzen den Rahmen zusammen. Binden Sie eine Schnur locker um die Außenkanten des Rahmens, und schieben Sie zwei kleine Holzblöcke auf jeder Seite zwischen die Schnur und den Rahmen. Schieben Sie die Blöcke nun gegen die Rahmenecken, wodurch die Schnur automatisch straffer gespannt wird. Entfernen Sie überschüssigen Klebstoff mit einem Tuch, bevor er hart wird, dann lassen Sie den Rahmen liegen, bis der Kleber gut getrocknet ist. Sie sollten nun einen ordentlichen, massiven Rahmen haben.

Kleben des Rahmens

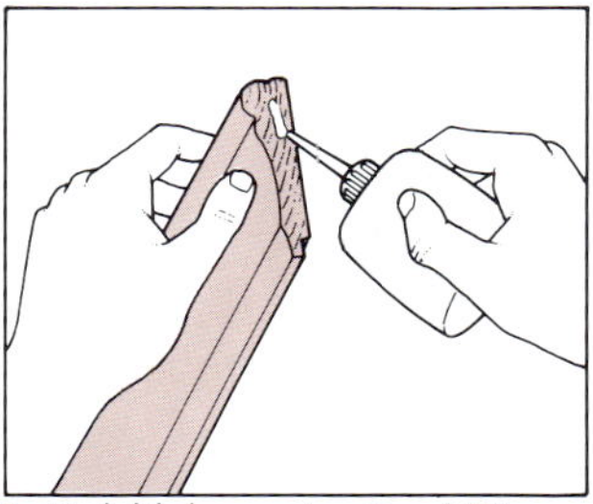

1 *Holzkleber guter Qualität auf Gehrungen streichen.*

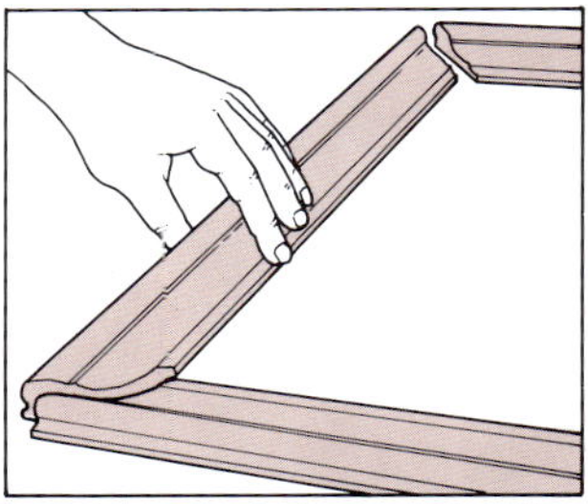

2 *Rahmen auf ebener Oberfläche liegend zusammenfügen.*

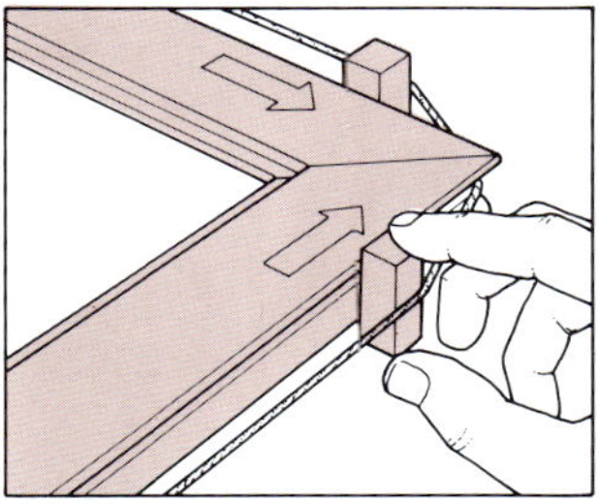

3 *Schnur um Rahmen binden; Keile einschieben.*

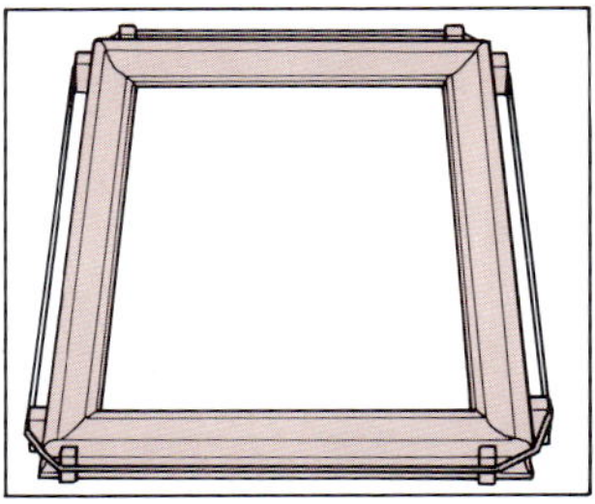

4 *Zum Spannen Blöcke weiter zu den Ecken schieben.*

Endmontage des Gemäldes

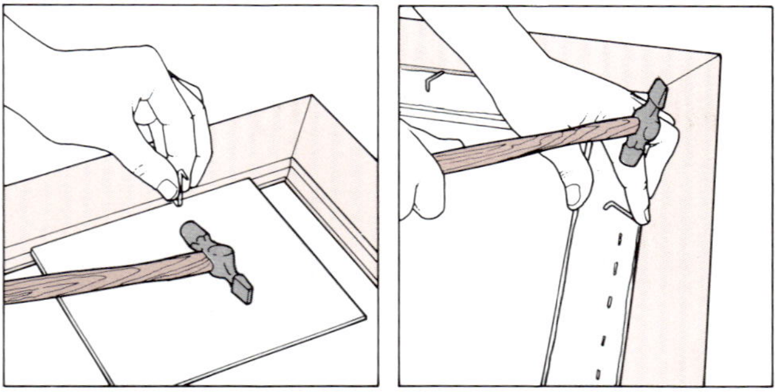

1 *Die beste Methode des Fixierens sind Z-Klammern zwischen Keilrahmen und Rahmen.*

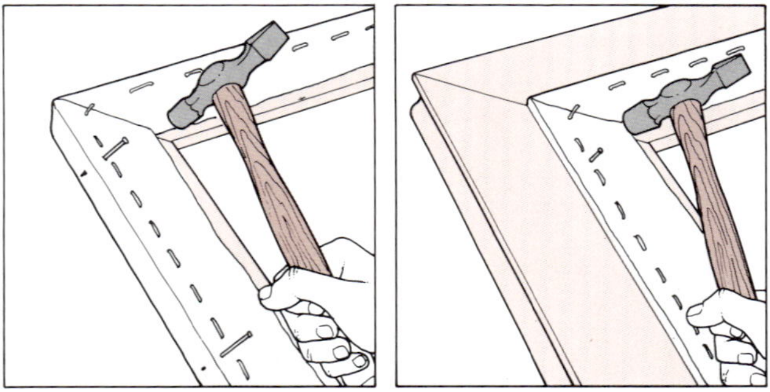

2 *Statt Z-Klammern können auch Blauköpfe verwendet werden. Zuerst in den Keilrahmen, dann in den Rahmen schlagen.*

Endmontage des Ölgemäldes

Mit Z-förmigen Klammern hält man das Gemälde im Rahmen. Um sicherzugehen, daß Sie den Falz nicht beschädigen, legen Sie ein Stück Karton über den Falz, so daß die Z-Klammer praktisch oben auf dem Karton festgenagelt wird. Schlagen Sie das eine Ende der Klammern in den Falz, lassen Sie das Gemälde einrasten, schlagen Sie dann das gegenüberliegende Ende der Z-Klammern leicht in die Rückseite des Keilrahmens.

Wenn Sie keine Z-Klammern bekommen, können Sie auch Blauköpfe verwenden, die von der Rückseite her durch den Keilrahmen geschlagen werden, so daß sie an den Seiten herauskommen. Dann wird der Keilrahmen in den Rahmen gefügt, und die Stifte werden tiefer in die Rahmenleisten getrieben, wobei darauf geachtet werden muß, daß sie nicht zu tief eingeschlagen werden, weil sie sonst vorne am Rahmen herauskommen.

Projekt 5: *Gobelinstickerei*

Das gesamte Zubehör für Gobelinstickerei ist heute überall erhältlich und wird immer beliebter; viele Menschen kaufen das gerne, weil sie ihre eigenen Gestaltungsideen verwirklichen wollen, indem sie Wollfäden durch Löcher in der grobmaschigen, vorgefärbten Leinwand ziehen. Neben Gobelinstickerei können auch andere Stickbilder, Petit-Points und sogar bedrucktes Leinen wie etwa Schmuckgeschirrtücher auf die gleiche Weise gerahmt werden. Am schwierigsten zu rahmen von allen diesen Objekten ist jedoch eine mit Wolle gestickte Gobelinarbeit auf Leinwand. Obwohl diese Gobelins üblicherweise hergestellt werden, indem man die Leinwand in einen Stickrahmen einspannt, tendieren sie dazu, im fertigen Zustand asymmetrisch zu sein, und müssen daher vor dem Rahmen gespannt werden, um eine viereckige Form zu erhalten.

Die hier gezeigte Gobelinarbeit ist auf die gleiche Art montiert und gerahmt wie das Aquarell auf den Seiten 28–39. Man könnte sie jedoch auch direkt auf dem Rahmen befestigen, so wie das beim Ölgemälde auf den Seiten 40–47 erklärt wurde. Diese Rahmungsart wurde auf Seite 54 beschrieben. Wenn Sie Ihr Stickbild so rahmen möchten, dann bedenken Sie, daß es nicht unter Glas, also der Luft ausgesetzt ist; wir empfehlen daher die Glasrahmung, obwohl manche Leute meinen, daß das dem Erscheinungsbild nicht zuträglich ist.

Montieren und Rahmen unter Glas wird die Gobelinarbeit für spätere Generationen erhalten.

Spannen

Kaufen Sie ein Stück Hartfaserplatte, und zwar so groß, daß, um die Arbeit zu spannen, ein 15-cm-Rand bleibt. Legen Sie ein Stück Kaschierpapier oder, noch besser, ein Stück dünnes Museumspapier (siehe Seite 73) auf die rauhe Seite der Platte und darauf die Stickarbeit.

In der linken oberen Ecke der Arbeit beginnend, schießen Sie eine Drahtklammer durch den Stoff und in die Platte. Ziehen Sie die rechte obere Ecke des Werkstückes gerade, und fixieren Sie mit Drahtklammern den ganzen oberen Rand der Gobelinarbeit. Nun ziehen Sie die untere linke Ecke gerade, und schießen eine Drahtklammer durch Stoff und Platte. Wiederholen Sie diesen Vorgang in der rechten unteren Ecke, und vergewissern Sie sich dabei, daß das Ganze rechtwinkelig ist. Ziehen Sie die untere horizontale sowie die rechte und die linke vertikale Kante gerade, und klammern Sie durch den Leinwandrand an der Außenseite der Stickarbeit rundherum in ungefähr 2,5 cm Entfernung vom Muster.

Schießen Sie nun die Drahtklammern rundherum ein, drehen Sie dann die Platte um, und schlagen Sie die vorstehenden Klammerenden mit dem Hammer flach.

Messen

Messen Sie die auf die Platte gespannte Gobelinarbeit für das Passepartout, wie auf den Seiten 30–31 beschrieben. Bei einer Gobelinstickerei soll das Passepartout ungefähr 3 mm über die Arbeit hinausreichen; wenn Sie eine Stickerei rahmen, werden Sie am besten ein hübsches Stück Rand um die Arbeit lassen, um sie dadurch besser zur Geltung zu bringen. Die Randbreite hängt davon ab, wie Sie die Drahtklammern befestigt haben, im allgemeinen reichen etwa 5–6 cm aus.

Schneiden Sie den Passepartout-Karton und das Fenster so zu, wie auf den Seiten 30–33 beschrieben, und legen Sie das ganze über das Werkstück. Ziehen Sie dann mit dem Bleistift eine Linie außen um das Passepartout, entfernen Sie den Karton, und schneiden Sie die Hartfaserplatte entlang der Bleistiftlinien zu. Abschließende überschüssige Leinwand wegschneiden.

Nehmen Sie die Gesamtmaße des Werkstücks ab, und besorgen Sie sich das auf diese Größe zugeschnittene Glas.

Im allgemeinen kommt eine Gobelinarbeit in einem schweren Rahmen besser zur Geltung. Lesen Sie die Anweisungen auf Seite 44, kaufen Sie dann entweder fertig zugeschnittene Rahmenleisten, oder schneiden Sie sich diese selbst zu (siehe Seite 34). Bei schweren Rahmen reicht Kleben meist aus (siehe Seite 46), aber wenn Sie nicht ganz sicher sind, verwenden Sie Kleber und Nägel, wie auf den Seiten 36–37 beschrieben.

Spannen und Ausmessen

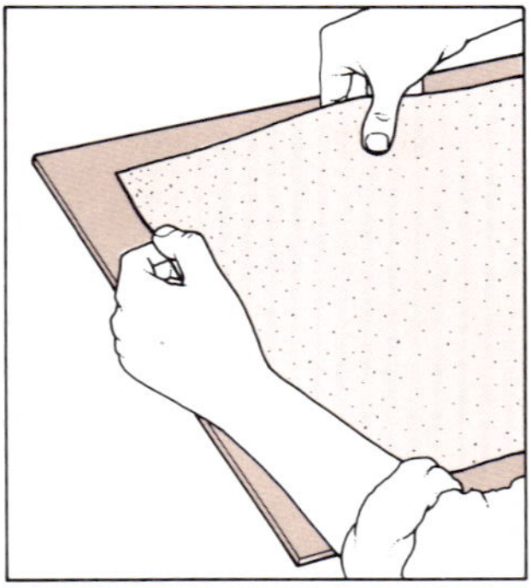

1 Einen schützenden Karton unter das Werkstück legen.

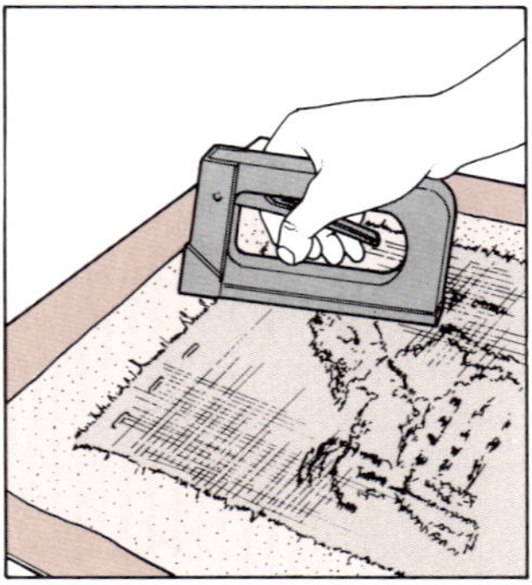

2 Zuerst linke obere Ecke festklammern, dann rundherum.

3 Werkstück umdrehen und Drahtklammern flach hämmern.

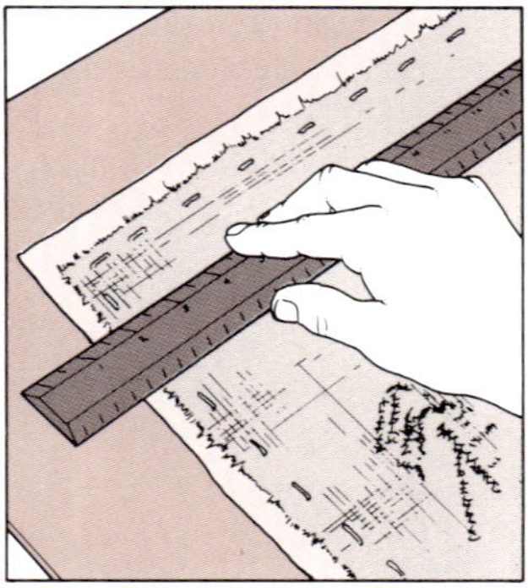

4 Maße für Rahmen nehmen; 5–6 cm Rand lassen.

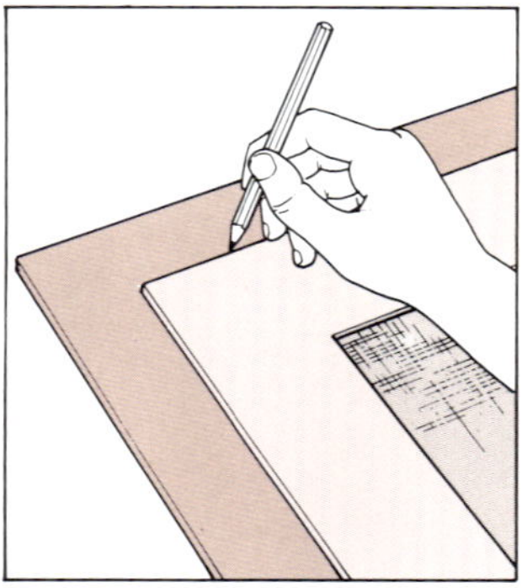

5 Mit Bleistift an Außenkante Linien auf der Platte ziehen.

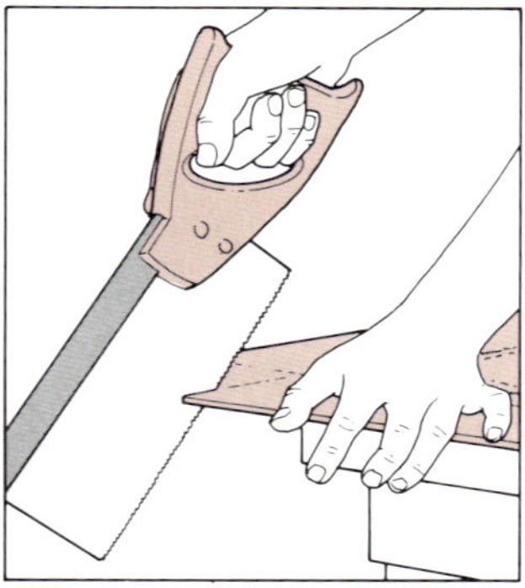

6 Überstehende Platte mit Säge wegschneiden.

Endmontage

Die Einzelteile sollen nun, wie auf den Seiten 38–39 beschrieben, zusammengefügt werden, wobei hier aber Rückwand und Werkstück in einem sind. Sobald Sie das Glas gereinigt und in den Rahmen gegeben haben, bürsten Sie die Stickarbeit leicht ab, um Staub und Flusen zu entfernen, und schnipseln Sie eventuelle lose Fäden ab. Reinigen Sie auch das Glas, legen Sie das Fenster-Passepartout mit der Schauseite nach unten in den Rahmen und das Werkstück darauf. Fixieren Sie nun die Gobelinarbeit mit kleinen Stiften am Rahmen.

Drehen Sie den Rahmen um, und prüfen Sie, ob alles richtig montiert und staubfrei ist. Wenn alles zu Ihrer Zufriedenheit ausgefallen ist, können Sie nun die Rückwand befestigen.

Weil die Rückwand der Platte durch die Drahtklammern Löcher aufweist, muß man zwei Lagen Klebeband über die Verbindungen und die Klammern geben. Wenn sie einen gummierten Klebstreifen verwenden, vergewissern Sie sich, daß die erste Lage trocken ist, bevor Sie die zweite anbringen.

Endmontage der Gobelinarbeit

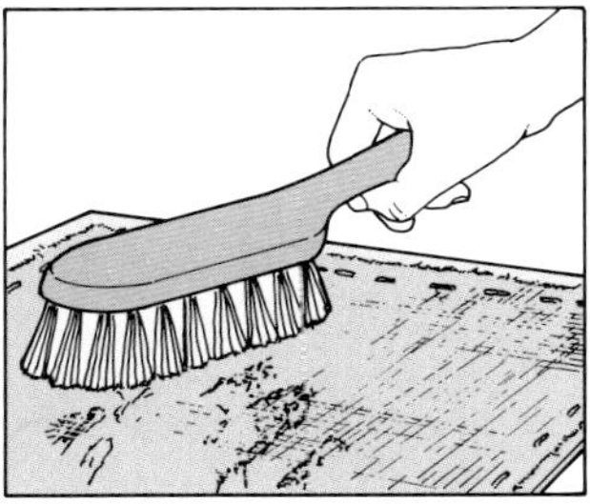

1 *Staubkörner von Glas und Stickarbeit wegbürsten.*

2 *Passepartout und Stickarbeit in Rahmen einlegen.*

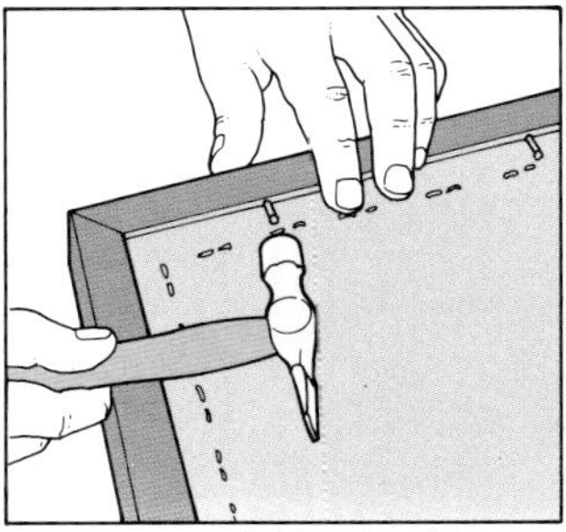

3 *Nägel sorgfältig einschlagen, um das Ganze zu fixieren.*

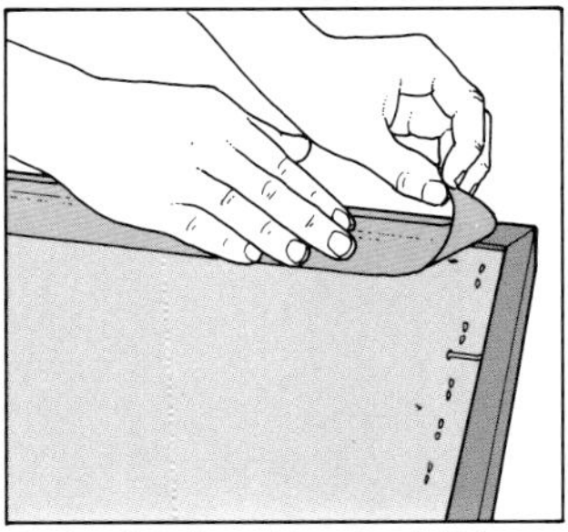

4 *Am Rücken über Drahtklammern Klebeband anbringen.*

Viele Arbeiten von historischem Interesse wurden gestickt und anschließend gerahmt. Sorgfältiges Rahmen von neuen Stickereien wird sie für die Zukunft erhalten.

Rahmen von Textilien

Eine gut ausgeführte Gobelinarbeit, Stickerei, Petit-Point oder auch nur ein bedrucktes Geschirrtuch kann man rahmen, um das Stück als attraktiven und schmückenden Gegenstand an die Wand zu hängen. Oft hat es sehr viel Zeit und besondere Sorgfalt gekostet, das Werkstück fertigzustellen, und deshalb sollte man für das Spannen und Rahmen dieser Arbeiten genausoviel Mühe aufwenden wie für ein Ölbild.

Kreuzstichstickereien eignen sich gut zum Rahmen; man kann genauso vorgehen wie bei einer Gobelinstickerei. Bei Verwendung eines Passepartouts müssen Sie genau darauf achten, wo Sie die Drahtklammern einschießen. Sie sollten so weit wie möglich vom Bild entfernt sein, denn je mehr Raum um die Stickerei herum frei ist, desto ansprechender wird sie wirken und Ihnen auf Dauer Freude machen.

Spitzen werden ähnlich Gobelinarbeiten gerahmt, doch da sie außen herum keinen überschüssigen Rand haben, kann man sie nicht spannen. Legen Sie also die Spitze direkt auf den Karton, und rahmen Sie sie wie auf den Seiten 28–39 für ein Aquarell beschrieben. Anschließend befestigen Sie die Spitzen mit einigen kleinen Stichen auf dem Karton.

Gobelinarbeiten, die wie ein Ölgemälde gerahmt werden, müssen über ein Stück Hartfaserplatte (anstelle eines Keilrahmens) gespannt und dann auf der Rückseite der Platte fest verschnürt werden, um das Objekt rechtwinkelig zu ziehen. Das ist allerdings eine zeitraubende und schwierige Arbeit. Als Alternative kann man die Gobelinarbeit mit einem Gummikleber, wie er für Weben und Teppiche verwendet wird, auf die Platte kleben.

Montage einer Spitze

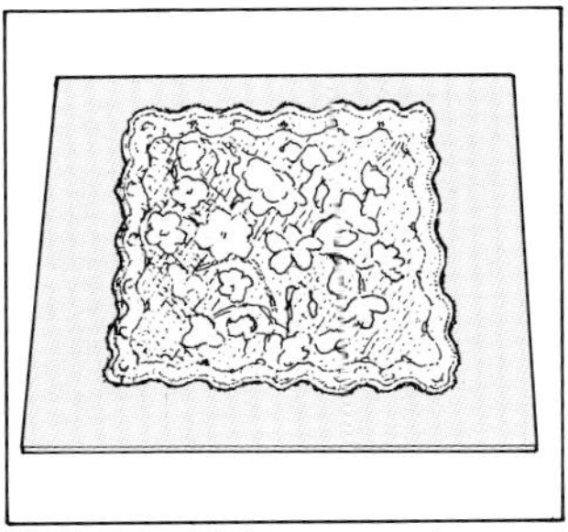

1 *Spitze auf den Karton legen.*

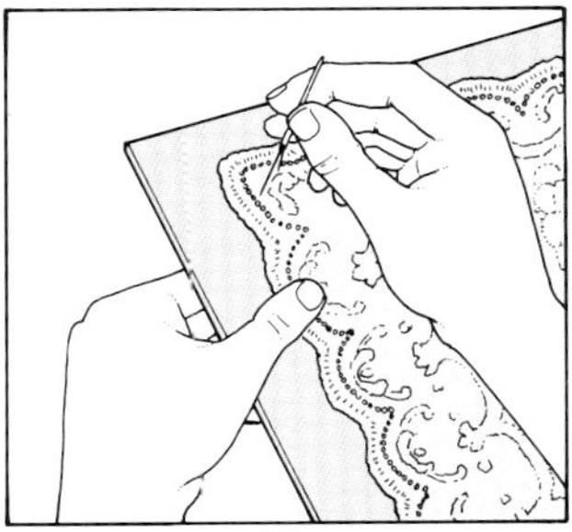

2 *Mit einigen kleinen Stichen befestigen.*

Gobelins über Sperrholz spannen

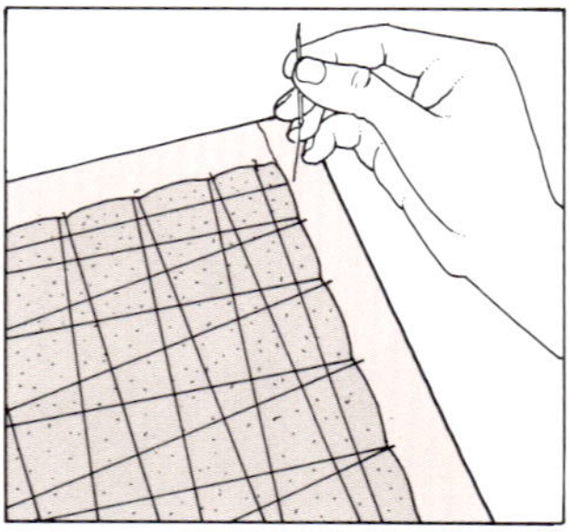

1 *Verschnüren erleichtert Spannen, ist aber zeitraubend.*

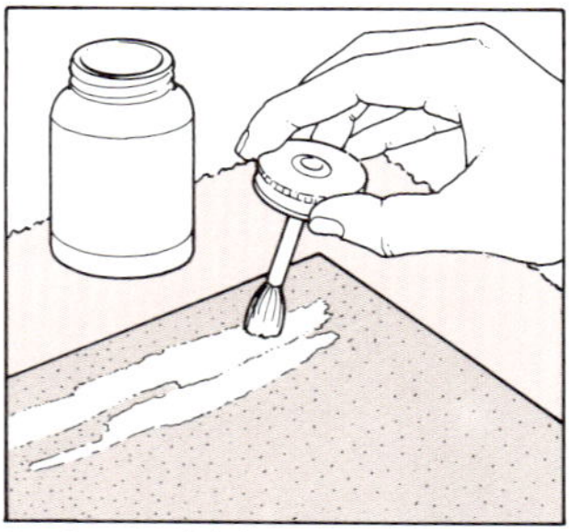

2 *Gummikleber bringt zufriedenstellende Resultate.*

Viele Arten von Spitzen oder andere textile Objekte sehen gerahmt sehr attraktiv aus.

Projekt 6: *Getrocknete Blumen*

Rahmen von dreidimensionalen Gegenständen

Nicht nur »flache« Objekte können gerahmt werden: Viele alltägliche dreidimensionale Gegenstände gewinnen durch schützendes Glas und ergeben im gerahmten Zustand ein erfreuliches und interessantes Schmuckelement. Am wirkungsvollsten kommen diese Objekte zur Geltung, wenn man sie doppelt rahmt. Zuerst bringt man einen inneren Rahmen über dem Stück an, und dann wird das Ganze in der üblichen Art gerahmt. So berührt das Glas den Gegenstand überhaupt nicht. (Die Technik ist ähnlich der bei Verwendung eines Passepartouts, das ja dazu dient, das Glas von einem Kunstwerk abzuheben.) Viele Gegenstände eignen sich dazu, auf diese Weise gerahmt zu werden.

Wie wir gesehen haben (siehe Seiten 48–55), können viele Gobelins und Stickarbeiten wie Aquarelle gerahmt werden; wenn die Stickerei jedoch vom Hintergrund abgehoben ist oder sehr starke Strukturstiche aufweist, wird sie am besten auf diese Weise gerahmt. Ebenso eignen sich Perlen-, Stoff- oder Muschel-Collagen gut für diese Art Rahmung.

Kleine Skulpturen aus Stein, Mineralien oder Holz kann man genauso rahmen, sie wirken ebenso effektvoll wie Kameen, gepreßte oder getrocknete Blumen und Gräser.

Getrocknete Blumen haben meist keine große Tiefe, weshalb dieses Projekt relativ leicht auszuführen ist. Das wichtigste bei diesem Projekt ist, darauf zu achten, daß der innere Rahmen genügend tief ist, so daß das Glas die Blumen nicht berührt. Mit ein wenig Übung kann man jedoch auch höhere Objekte, wie Blumensträußchen oder sogar ganze Sträuße, rahmen.

Wegen der Luftverschmutzung sollten viele Objekte, die offen gezeigt besser wirken würden, durch Glas geschützt werden. Das setzt einen tiefen Rahmen voraus.

Vorbereitung der Rückwand

Getrocknete Blumen sollten auf eine Platte gelegt werden, womit sie am vorteilhaftesten zur Wirkung kommen. Sehr gut sieht es aus, wenn man ein paar trockene Blätter locker verstreut. Als idealer Hintergrund bietet sich ein Stück Seide oder anderes Material in passender Farbe an. Samt oder Filz verwendet man meist für das Rahmen von Orden und Medaillen.

Legen Sie die Größe des Arrangements fest, und schneiden Sie eine Hartfaserplatte so zu, daß ein genügend großer Rand um die Blumen herum bleibt. Kaufen Sie ein Stück Seide in entsprechender Größe, um damit die Platte zu überziehen und nach hinten einzuschlagen und anzukleben. Achten Sie auf den möglichst geraden Fadenlauf der Seide. Kleben Sie zuerst den oberen Rand mit einem Mehrzweckkleber an, ziehen sie dann den unteren Rand und die beiden Seitenränder gerade über die Plattenkanten, und kleben Sie sie fest. Verwenden Sie Wäscheklammern zum Fixieren der Seide, während der Kleber trocknet.

Arrangieren der Blumen

Nun ordnen Sie die Blumen in der Mitte der Platte an. Lassen Sie sich bei der Gestaltung Zeit, um ein befriedigendes Ergebnis zu erzielen. Die meisten Teile können an die Rückwand geklebt werden, aber verwenden Sie so wenig Klebstoff wie möglich, um die Seide nicht zu verfärben. In manchen Fällen empfiehlt es sich, einen Draht durch die Rückwand zu ziehen – Sicherungsdraht eignet sich bestens dafür.

Liegen lassen, bis der Kleber ganz getrocknet ist und die Blumen sicher befestigt sind.

Innerer Rahmen

Der wohl am besten geeignete Rahmen für diese Art Gegenstände ist der sogenannte Kastenrahmen, der eine flache Rückwand und schräge innere Kanten hat. Man bekommt diese Rahmen mit verschieden tiefen Leisten; der Rahmen für das zu rahmende Objekt muß tief genug sein.

Sie müssen beim Kauf auch darauf achten, daß der obere Leistenteil des inneren Rahmens so schmal ist, daß er vom Falz des äußeren Rahmens abgedeckt wird.

Dieser Rahmen hält die Rückwand, weshalb Sie von dieser die gewünschten Maße abnehmen müssen. Setzen Sie nun den Rahmen, wie auf den Seiten 36–37 beschrieben, zusammen.

Messen Sie die Außenseite des inneren Rahmens, um die Maße für den äußeren Rahmen zu bekommen. Lassen Sie die Verbindungen des inneren Rahmens gründlich trocknen.

Arrangieren der Blumen

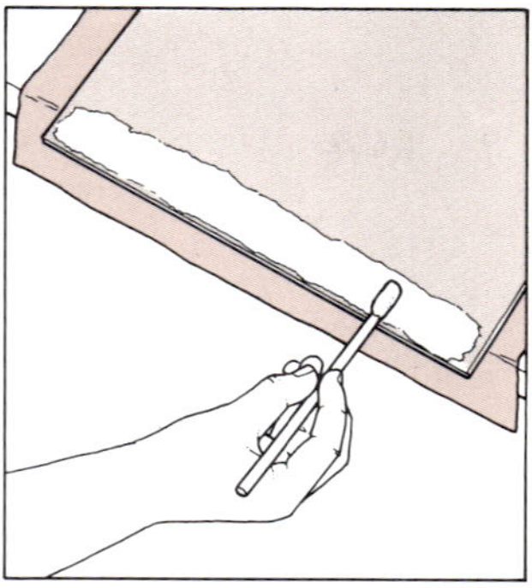

1 *Kanten der Rückwand ankleben.*

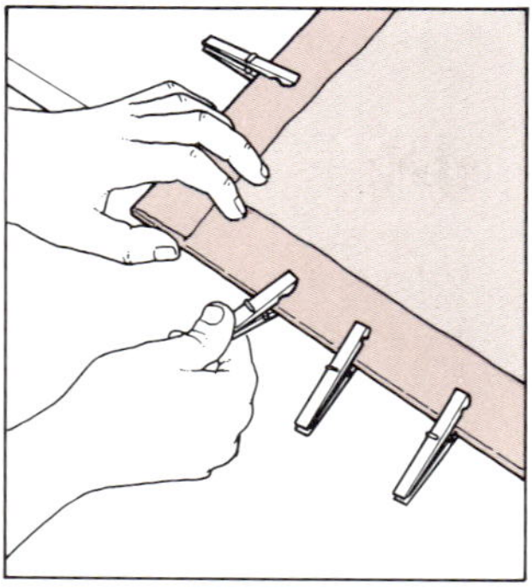

2 *Trocknen lassen; mit Wäscheklammern festhalten.*

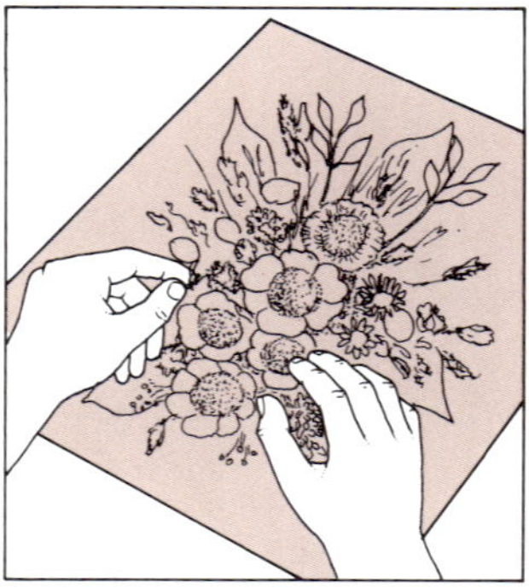

3 *Blumen auf Montageplatte arrangieren.*

4 *Blumenarrangement mit Kleber oder Draht fixieren.*

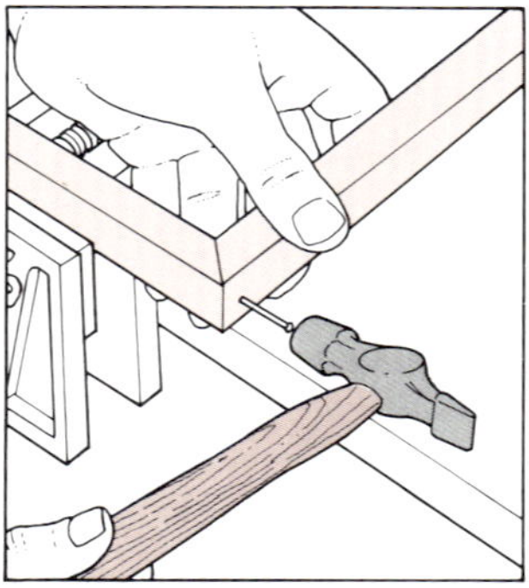

5 *Inneren Rahmen kleben und nageln.*

6 *Inneren Rahmen in äußeren Rahmen einrasten.*

Äußerer Rahmen

Es gibt zwei Arten von äußeren Rahmen. Die eine Art ist dünn und tief genug, um die Tiefe des inneren Rahmens abzudecken; die andere Art ist breit und flach. Wenn Sie den letzteren Rahmen wählen, muß er breit genug sein, so daß die Seiten und die Montierung des inneren Rahmens beim schnellen Hinschauen nicht zu sehen sind, sobald das fertiggestellte Objekt an der Wand hängt.

Schneiden Sie den äußeren Rahmen so zu, daß er perfekt über den inneren Rahmen paßt, und kaufen Sie ein Stück Glas, daß über dem inneren Rahmen glatt einrastet und in den Leistenfalz des äußeren Rahmens paßt.

Gewöhnliche Rahmen für Aquarelle sind als innere Rahmen geeignet.

Äußere Rahmen müssen einen tiefen Falz haben, um den inneren Rahmen und das Glas in Position zu halten.

Verbinden der Rahmen

Reinigen Sie das Glas sorgfältig, wie auf Seite 18 beschrieben. Legen Sie den äußeren Rahmen mit der Schauseite nach unten auf eine weiche Arbeitsfläche, schieben Sie das Glas in den Falz, dann lassen Sie den inneren Rahmen sanft einrasten.

Wenn Sie den dünnen, tiefen äußeren Rahmen gekauft haben, werden die Rahmenkanten über den inneren Rahmen hinausstehen. Durch das Einschlagen von Stiften in die Innenseite des äußeren Rahmens können die beiden Rahmen zusammengefügt werden. Gehen Sie jedoch vorsichtig vor: Die Stifte dürfen nicht über den Falz des inneren Rahmens herausragen.

Wenn Sie als äußeren Rahmen die flache, breite Art gewählt haben, wird der innere Rahmen über den Falz des äußeren Rahmens herausragen. Um den inneren Rahmen im äußeren am Platz zu halten, schlagen Sie Stifte in die Außenseite des inneren Rahmens ein, so daß sie in einer Ebene mit der Basis des äußeren Rahmens sind. Diese Stifte können dann fest in den äußeren Rahmen eingeschlagen werden.

Zusammenbauen

Entfernen Sie eventuellen Staub von der Glasoberfläche (verwenden Sie einen Tischstaubsauger, da das Glas sehr tief eingelassen ist). Achten Sie darauf, daß keine Fremdkörper oder Staubkörnchen im Blumenarrangement haften, und bürsten Sie mit einer weichen Borstenbürste eventuell vorhandene Partikel von der Textilauflage. Lassen Sie nun die Rückwand mit dem Blumenstück vorsichtig in den Rahmen einrasten.

Obwohl Sie Stifte zum Fixieren der Platte verwenden könnten, besteht dabei die Gefahr, daß Sie durch das Einschlagen die Blumen verschieben. Deshalb ist es besser, ein Teppichklebeband oder ein ähnlich starkes Klebeband zu verwenden, um die Rückwand in Position zu halten.

Endmontage

Die Rückseite des inneren Rahmens kann sauber ausgefertigt werden, indem Sie ein Stück Packpapier 13 mm schmäler als die Rückwand zuschneiden und auf diese kleben. Dann sollte gummierter Klebstreifen auf die Ränder geklebt werden, um die Rückseite des Ganzen zu verschließen.

Viele Leute sind der Meinung, daß diese Art der Darbietung wirkungsvoller ist, wenn der fertige Gegenstand flach an der Wand hängt.

Zusammenbauen der Rahmen

1 *Staub von Blumen bürsten; einrasten lassen.*

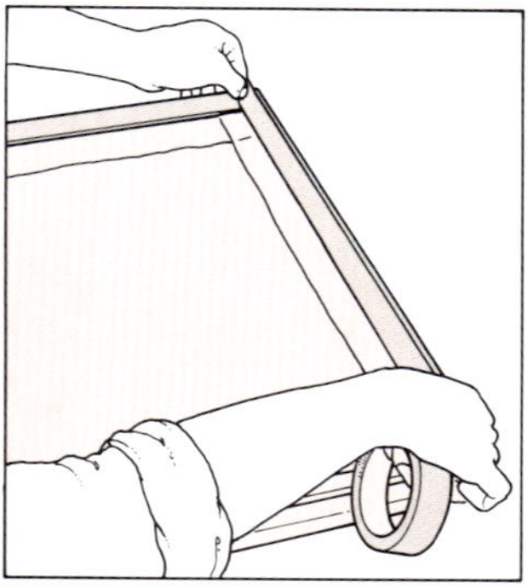

2 *Mit starkem Klebstreifen Rückwand in Position halten.*

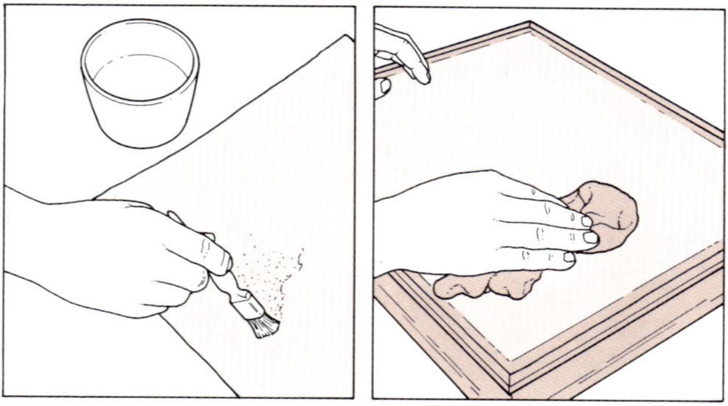

3 *Braunes Packpapier, 13 mm kleiner als die Rückwand, auf die Rückseite des Ganzen kleben.*

4 *Ränder mit gummiertem Klebstreifen verschließen.*

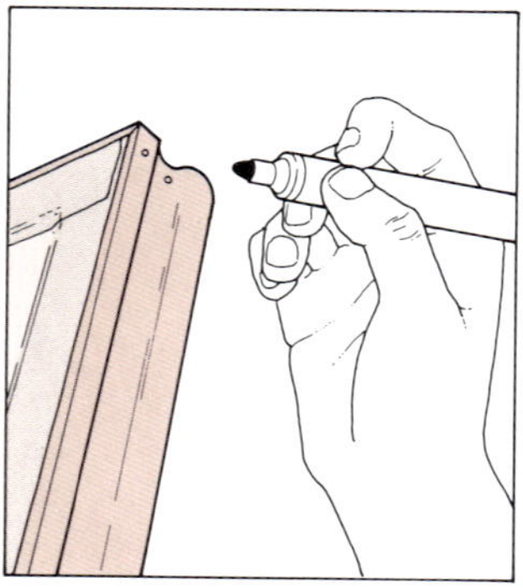

5 *Stifte mit Filzschreiber anfärben.*

Weitere Anregungen

Einleitung

Mit der Erfahrung, die Sie gewonnen haben, und den Techniken, die Sie sich bei der Ausführung einzelner oder aller Projekte in diesem Buch angeeignet haben, werden Sie jetzt sehr wohl in der Lage sein, einige ungewöhnlichere Rahmungsvorschläge in Angriff zu nehmen.

Im Projekt Nr. 6 (siehe Seiten 56–63) wurden andere Objekte und nicht Kunstwerke gerahmt. Es gibt vielerlei, was montiert und gerahmt werden kann, und in diesem Kapitel werden wir uns mit eher ungewöhnlichen Objekten beschäftigen, einschließlich Münzen und Anschlagtafeln.

Wie wir auf den Seiten 28–33 gesehen haben, bringen Passepartouts viele Objekte, vor allem Aquarelle, Pastelle und Drucke wesentlich besser zur Geltung; aber auch viele andere Kunstgegenstände gewinnen durch ihre Umrahmung erheblich an Attraktivität. In diesem Kapitel sehen wir uns auch an, wie man Passepartouts schmücken kann. Diese Ausschmückung kann von einer einfachen, mit Tinte gezogenen Linie bis zu einer Vielfalt von Linien mit einer Lasur, vielleicht sogar mit Gold-, Silber- oder Farbbändern reichen. Auch kreisrunde oder ovale Fenster-Passepartouts werden gezeigt. Das Schneiden solcher Umrahmungen ist zwar nicht einfach, aber das Ergebnis bei sorgfältiger Arbeit sehr wirkungsvoll.

Einfache Linien lassen Passepartouts professionell aussehen, ein hübscher Rahmen läßt einen Spiegel eleganter erscheinen. Auch Orden (oben) *können gerahmt werden.*

Dekorieren von Passepartouts

Das künstlerische Dekorieren des Passepartouts für ein Aquarell oder einen Kunstdruck kann für die Wirkung des dargebotenen Objekts einen großen Unterschied machen. Um dabei Erfolg zu haben, muß man sorgfältig arbeiten; schlecht ausgeführtes Dekorieren eines Passepartouts macht die Absicht zunichte.

Passepartouts können auf verschiedene Arten dekoriert werden, von einer einfachen goldenen Linie bis zu einer Linienvielfalt mit Farblavierung zwischen den Linien. Üben Sie zuerst auf einem Zeichenblock, bevor Sie mit der Arbeit auf dem Passepartout beginnen. Entscheiden Sie als erstes, wie viele Linien am besten mit Ihrem Objekt harmonieren. Oft genügt eine einzige Linie, hier sollen es sechs Linien sein, mit einem Goldband und einer Lavierung dazwischen.

Probieren Sie das gewählte Muster auf einem Stück Karton aus. Wenn Sie nun einen Winkel von 45° zu diesen Linien einzeichnen und diese Linie weiterführen, dann können Sie auf dieser 45°-Linie den Abstand zwischen den verschiedenen Linien ihres Musters abmessen. Legen Sie das fertig zugeschnittene Passepartout auf die Arbeitsfläche, und zeichnen Sie eine Linie im Winkel von 45°

Dekorieren eines Passepartouts

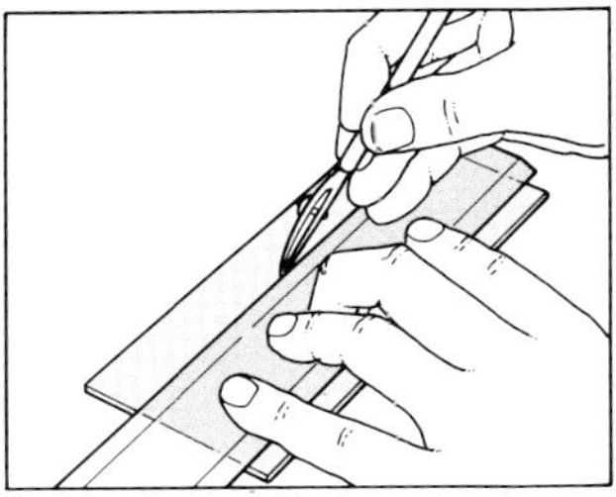

1 *Muster auf Karton ausprobieren.*

2 *In 45°-Winkel Linie durch Muster ziehen.*

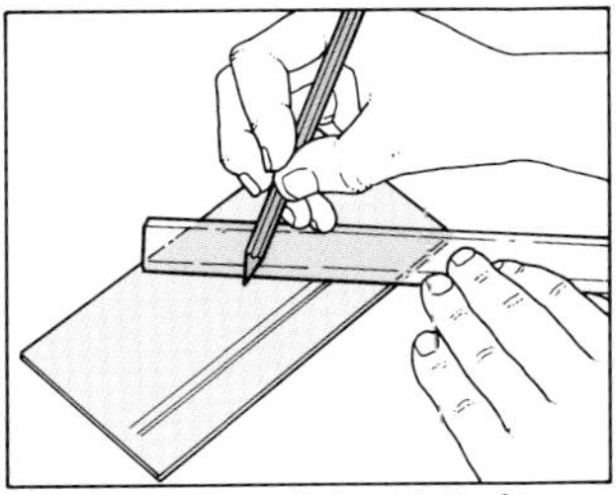

3 *Abstände auf der Linie für Übertragung messen.*

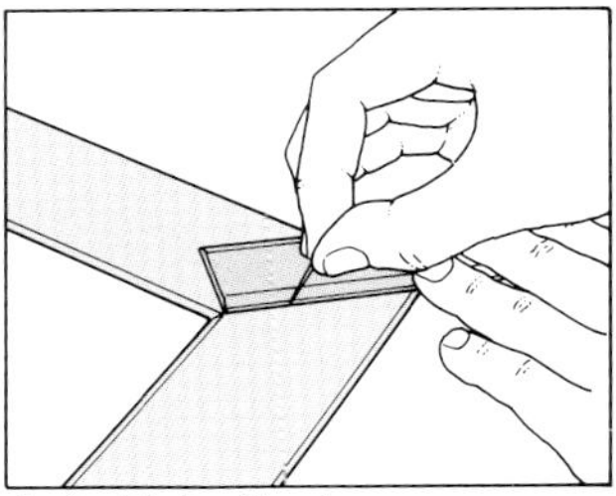

4 *Auf Ecke übertragen, Abstände mit Nadel markieren.*

von jeder Ecke des Fensters nach außen. Während sie von der Ecke nach außen messen, machen Sie mit einer Nadel eine Markierung entlang der Linie bei jedem Meßpunkt entsprechend Ihrer Musterzeichnung. Wiederholen Sie das in jeder Ecke, radieren Sie dann die Hilfslinien aus. Die Nadelmarkierungen können nun rund um das Fenster miteinander verbunden werden.

Am besten verwenden Sie eine Reißfeder, die auf verschiedene Stärken eingestellt werden kann, und gute Tinte oder eine dicke Wasserfarbenlösung, um die Linien zu ziehen. Beginnen Sie mit der innersten Linie, und verwenden Sie das Lineal umgedreht, um jegliches Verschmieren zu vermeiden. Vergewissern Sie sich, daß die erste Linie gut trocken ist, bevor Sie die nächsten Nadelmarkierungen miteinander verbinden. Goldband oder andersfarbiges Band in passender Breite kann zwischen zwei der inneren Linien gelegt werden; eine Lavierung bringt man anschließend zwischen den beiden breiteren Linien an.

Das korrekte Anbringen von Lavierungen ist eher schwierig, da sie praktisch nur aus Wasser mit ganz wenig Farbe bestehen. Beginnen Sie an einer Ecke, und arbeiten Sie in beiden Richtungen sofort weiter, so daß die Lavierung vor dem Vollenden der Umrahmung nicht trocknet; um Flecken in der Lavierung zu verhindern, muß man sehr schnell arbeiten.

Dekorieren eines Passepartouts

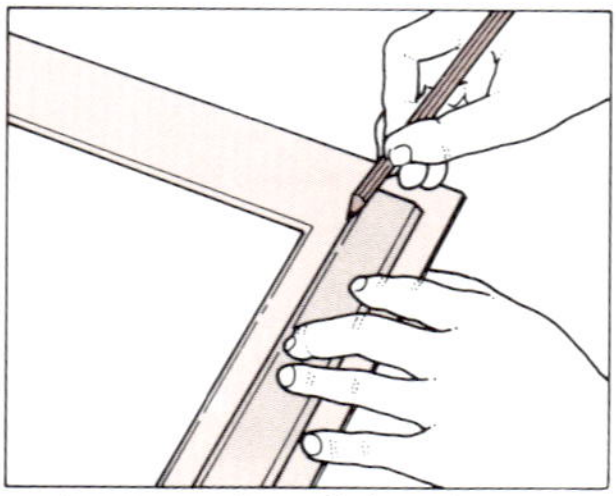

1 *Mit Lineal Nadelmarkierung verbinden.*

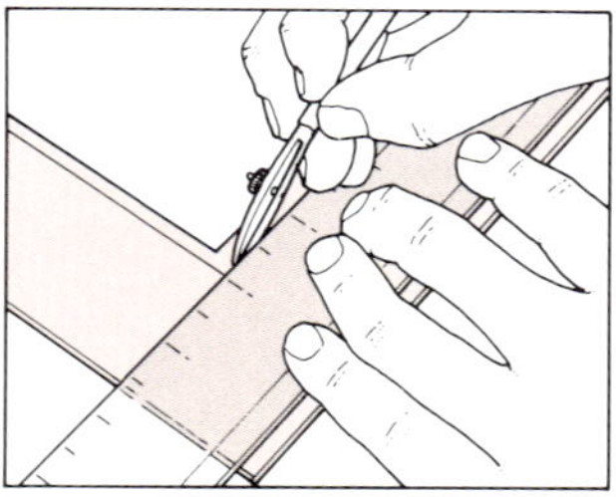

2 *Linien mit Reißfeder und Tinte zeichnen.*

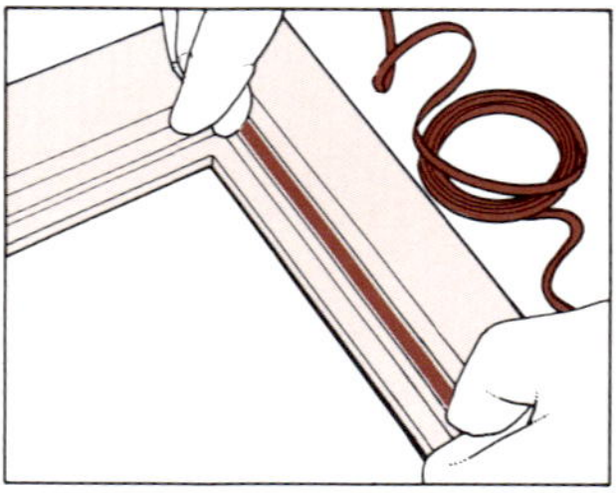

3 *Gold- oder andersfarbiges Band zwischen Linien legen.*

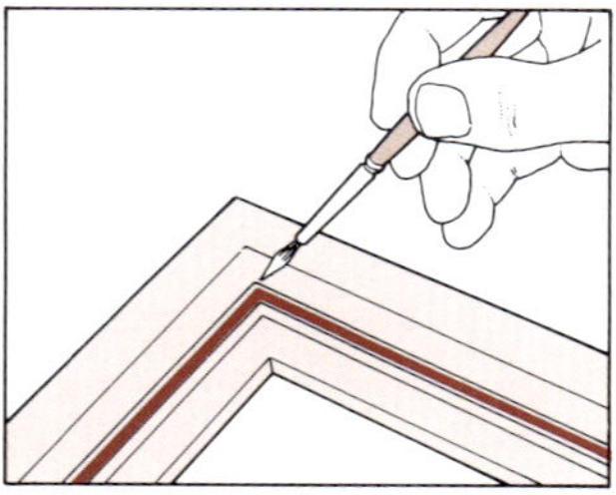

4 *Zwischen äußeren Linien Lasur anbringen.*

Memo-Tafeln

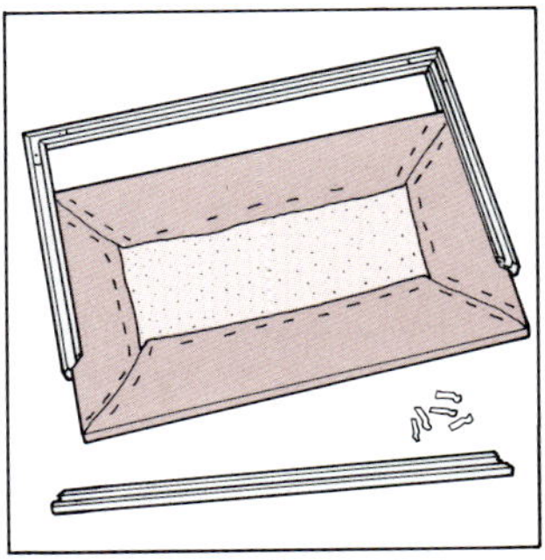

1 *Aluminiumrahmen sind effektvoll für Memo-Tafeln.*

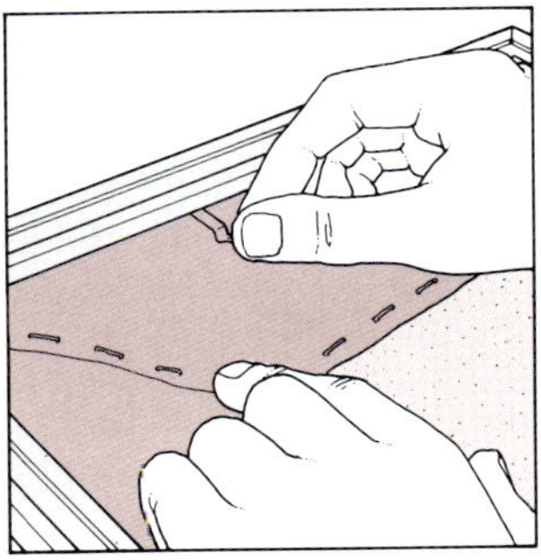

2 *Federklemmen zum Festhalten der Tafel verwenden.*

Memo-Tafeln

Diese kann man leicht aus Dämmplatten herstellen, die mit Filz oder Korkfliesen überzogen und dann normal gerahmt werden, indem man eine relativ robuste Leiste mit einem tiefen Falz verwendet.

Eine geeignete Methode zur Befestigung des Filzes auf der Dämmplatte ist die Verwendung von beidseitig klebendem Teppichband im Abstand von ungefähr 7,5 cm; den überhängenden Filz über die Plattenkanten ziehen und festnageln. Den ganzen Rücken mit einer Hartfaserplatte abdecken, um den festgenagelten Filzüberhang zu verstecken und der Dämmplatte zusätzlichen Halt zu geben.

Münzen

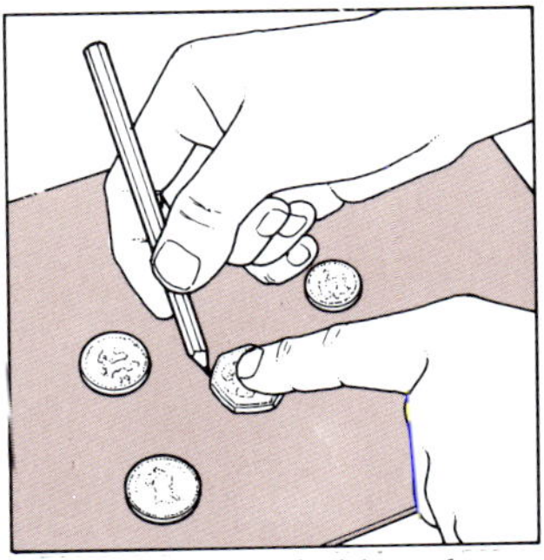

1 *Münzen als Schablone für Löcher verwenden.*

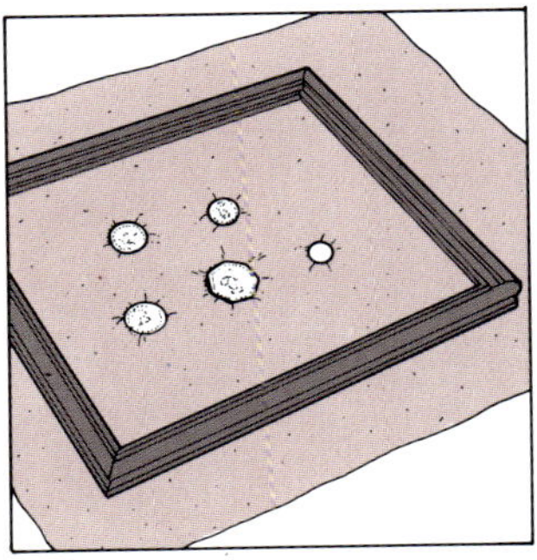

2 *Münzen in farbigen Filz drücken, dann rahmen.*

Münzen

Münzen wirken auf einem Filzhintergrund am besten. Legen Sie die Münzen auf einen dicken Karton, und zeichnen Sie die Konturen nach, schneiden Sie dann die Kreise aus dem Karton aus, so daß jede Münze in ein Loch paßt. Legen Sie ein Stück Filz über den Karton, und drücken Sie die Münzen in die entsprechenden Löcher. Fertigen Sie den Rahmen und montieren Sie ihn, wie auf den Seiten 34–37 beschrieben.

Damit man die Münzen von Zeit zu Zeit herausnehmen und polieren kann, sollte die Rückwand mit drehbaren Klemmen befestigt werden. Dies sind kleine Schenkel, die in die Außenseite des Rahmens geschraubt sind und gedreht werden können, um das Objekt frei zu bekommen. Sie sind hauptsächlich auf Fertigrahmen für Fotografien zu finden.

Spiegel

Da Spiegel im allgemeinen schwer sind, muß man beim Zusammenbauen des Rahmens sehr sorgfältig vorgehen. Es ist empfehlenswert, zur besonderen Verstärkung in die Rahmenverbindungen von beiden Seiten Nägel einzuschlagen. Um Reflexe vom Falz des Rahmens zu vermeiden, sollte der Falz schwarz angestrichen werden. Beim Einlassen in den Rahmen sollte der Spiegel auf der Rückseite mit einem relativ weichen Material bedeckt werden, damit die Silberauflage nicht zerkratzt wird. Bemessen Sie den Karton um eine Spur größer als die Tiefe des Falzes, und schneiden Sie eine Hartfaserplatte so zu, daß sie die ganze Rückseite des Rahmens bedeckt; so verstärkt sie auch den Rahmen selbst.

Spiegel

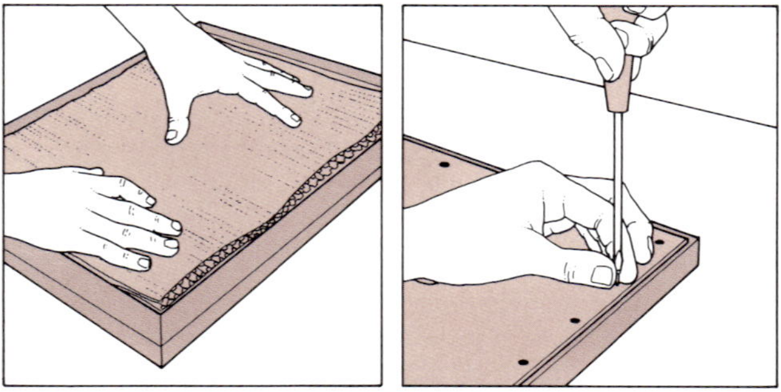

1 *Alten Karton verwenden, um Spiegel in Position zu halten.*

2 *Rückwand aus Hartfaserplatte an Rahmen schrauben.*

Statt runde oder ovale Rahmen zu kaufen, kann man runde oder ovale Passepartouts in rechteckigen Rahmen verwenden. Runde oder ovale Rahmen von guter Qualität sind sehr teuer.

Ovale und runde Passepartouts

Ovale und runde Passepartouts in rechteckigen Rahmen ergeben einen erfreulichen Anblick. Ovale Passepartouts heben vor allem die Wirkung eines Porträts und werden häufig für Miniaturen verwendet. Runde Passepartouts sind für viele kleine Bilder geeignet, wie solche von Vögeln, Schmetterlingen und ähnlichem.

Es ist sehr schwierig, kleine runde oder ovale Passepartouts mit der Hand genau zuzuschneiden; sie sehen immer besser aus, wenn sie mit einer Maschine zugeschnitten werden. Leider sind solche Maschinen sehr teuer. Das ist der Grund dafür, daß sogar professionelle Bilderrahmer es meistens nicht gerechtfertigt finden, sich eine solche Maschine anzuschaffen. Die Nachfrage nach runden und ovalen Passepartouts ist eher gering.

Die folgenden Methoden für das Zuschneiden solcher Passepartouts von Hand können zufriedenstellende Ergebnisse erzielen, vorausgesetzt, das benötigte Passepartout ist nicht zu klein – Ungenauigkeiten sind bei kleinen Passepartouts deutlicher zu sehen.

Runde Passepartouts werden mit einem scharfen Messer ausgeschnitten. Zunächst wird mit einer Bügelsäge in ein Plexiglaslineal ein Schlitz geschnitten, und zwar im Abstand von ca. 13 mm von einem Ende und in einem Winkel von 60° zur Horizontalen. Der Schlitz muß breit genug für die Klinge des Messers sein. Ungefähr 5 cm vom Schlitz beginnend, bohren Sie Löcher, groß genug für einen Stift, entlang der Mittellinie des Lineals, etwa im Abstand von 6 mm. Legen Sie ein Stück Karton auf die Arbeitsfläche und darauf den Passepartout-Karton. Stecken Sie einen Stift durch das Loch im Lineal, das dem Mittelpunkt des Passepartout-Kartons entspricht, führen Sie die Klinge des Messers in den Schlitz im Lineal ein, und nehmen Sie den Schnitt vor. Der 60°-Winkel des Schlitzes wird eine abgeschrägte Schnittkante ergeben. Idealerweise sollte der Winkel der Schräge 45° sein. Das ist recht schwierig; man kann zwar leicht einen vertikalen Schnitt machen, aber die Aufgabe wird immer schwieriger, weil der Winkel von der Vertikalen ansteigt.

Ovale Passepartouts sind viel schwieriger vorzubereiten als runde, denn sie müssen mit einem scharfen Messer freihändig geschnitten werden. Zeichnen sie als erstes die ovale Form; und zwar mit zwei Nägeln und einem Stück Schnur. Es gibt keine Regel, wie lang die Schnur sein muß oder der Abstand zwischen den beiden Nägeln – es ist eine Sache des praktischen Herumprobierens.

Legen Sie ein Stück Papier auf die Arbeitsfläche, und zeichnen Sie ein Rechteck, in das das gewünschte Oval eingezeichnet werden kann, d. h. oberster und unterster Punkt sowie die beiden

Schneiden eines runden Passepartouts

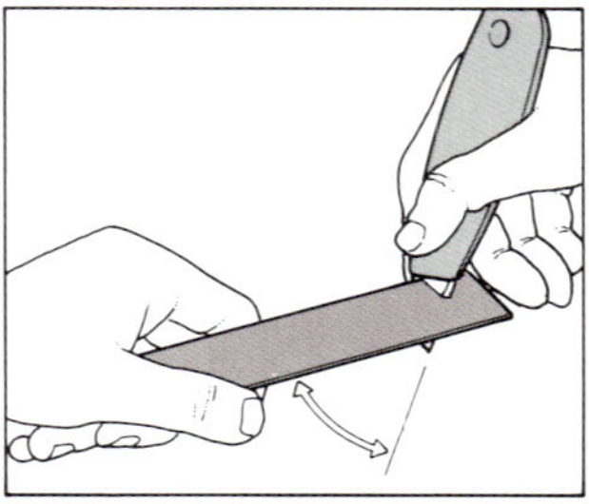

1 *Schlitz im Winkel von 60° in Plexiglaslineal schneiden.*

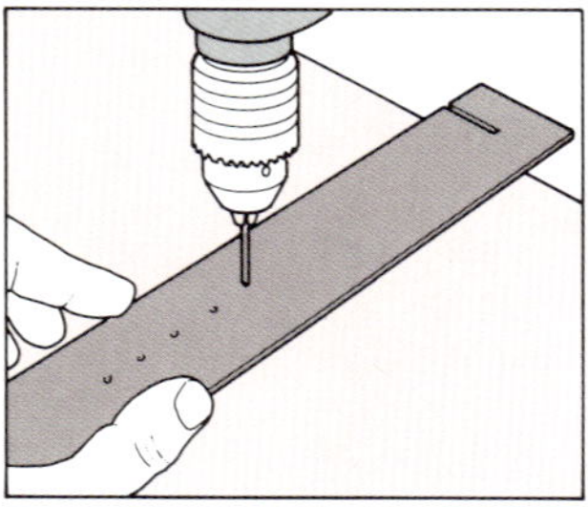

2 *Löcher, groß genug für dünnen Nagel, bohren.*

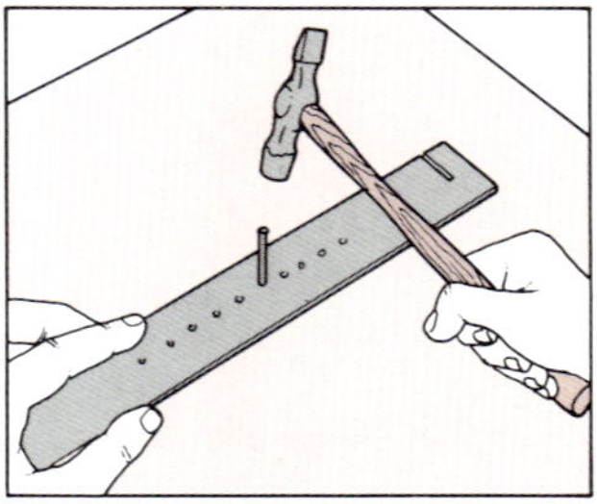

3 *Lineal mit Nagel auf Passepartout-Karton drehbar lagern.*

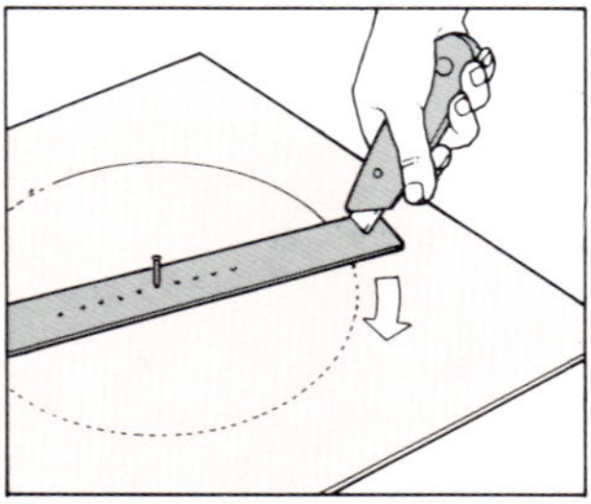

4 *Mit scharfem Messer in zügiger Bewegung schneiden.*

äußersten Seitenpunkte müssen das Rechteck berühren. Zeichnen Sie eine Mittellinie im Rechteck von oben nach unten ein, und stecken Sie einen Nagel etwa im Abstand eines Drittels von oben und unten in die Mittellinie. Nehmen Sie ein Stück Schnur, schlingen Sie es um die zwei Nägel, und verknoten Sie es so, daß die Schlinge oben den oberen Punkt der Mittellinie des Rechtecks erreicht. Stecken Sie einen Bleistift in die Schnurschlinge, und ziehen Sie eine Linie, indem Sie den Bleistift soweit außen wie möglich herumführen. Die gezeichnete Linie wird oval sein und alle vier Seiten des Rechtecks berühren. Wenn das nicht der Fall ist, müssen Sie den Abstand zwischen den Nägeln und/oder die Länge der Schnur verändern. Wenn das Oval die richtige Größe hat, entfernen Sie das Papier, nehmen Sie dafür den Karton und zeichnen das Oval darauf ein.

Das markierte Loch muß nun freihändig ausgeschnitten werden. Halten Sie das Messer so, als würden Sie einen Brotlaib schneiden; stützen Sie das Mittelgelenk Ihres Zeigefingers knapp unterhalb der ovalen Linie auf den Karton, setzen Sie die Klinge des Messers an der Außenkante der Linie an, und führen Sie den Schnitt durch. Sie werden bemerken, daß Sie die Klinge automatisch in einem

Schneiden eines ovalen Passepartouts

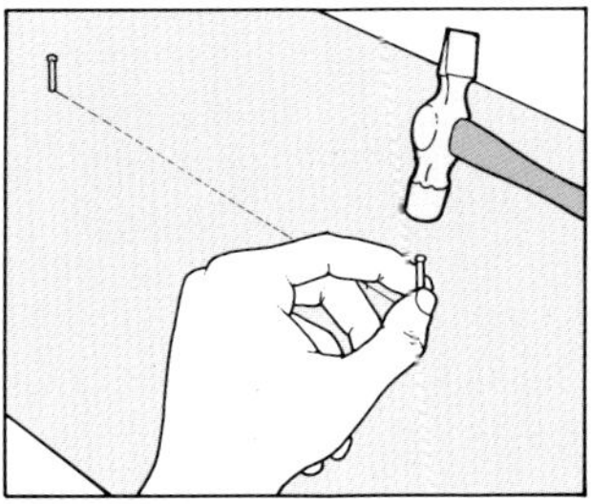

1 *Außenpunkte markieren; 2 Nägel in Mittellinie stecken.*

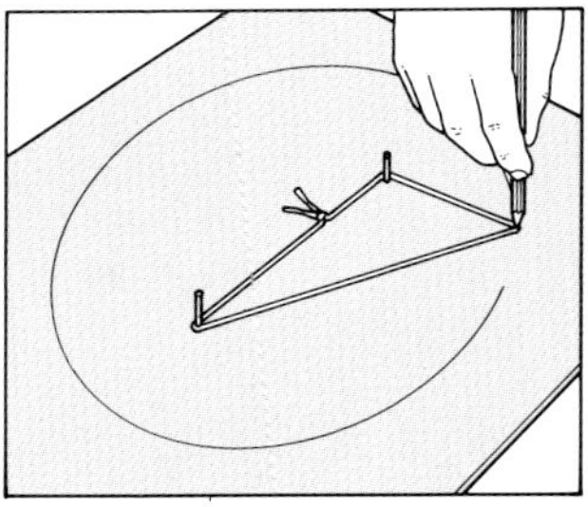

2 *Mit Hilfe einer Schnur Oval zeichnen.*

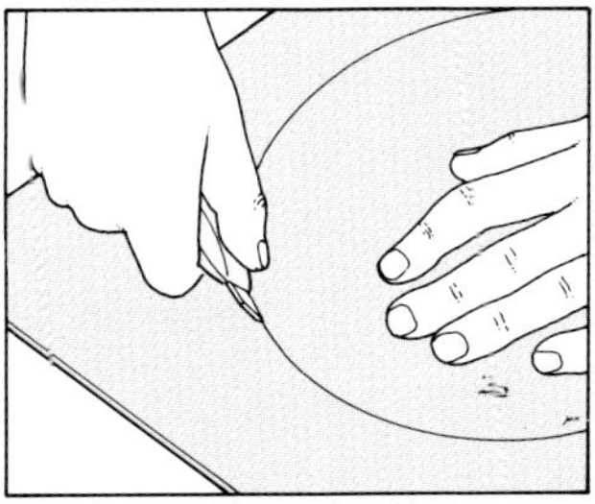

3 *Zügig entlang der Linie schneiden.*

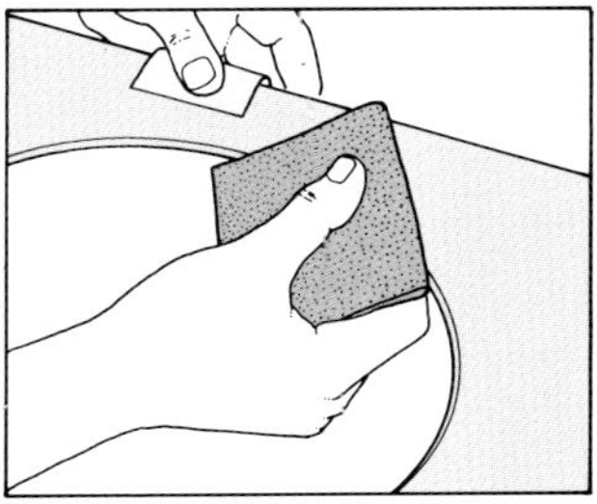

4 *Unregelmäßigkeiten mit Sandpapier entfernen.*

Winkel von 60° halten. Wenn der Schnitt vollendet ist, glätten Sie die abgeschrägte Kante mit feinem Sandpapier, um alle Unregelmäßigkeiten zu beseitigen.

Säurefreie Passepartouts aus Museumskarton für Aquarelle und Kunstdrucke

Viele Aquarelle und Drucke sind wertvoll und müssen vor Verderb bewahrt werden. Obwohl manche der von den Künstlern verwendeten Materialien unrein sind und zu rascherem Verderb des Papiers neigen, muß man sagen, daß die größten Schäden im allgemeinen durch Sonneneinstrahlung oder unsachgemäße Lagerung entstehen.

Weitere Hauptfaktoren sind Verfleckung durch Feuchtigkeit oder Unreinheiten, die durch Bildrückwände von schlechter Qualität oder ungenügenden Abschluß durchsickern und so Mehltau und Schwamm eindringen lassen.

Um diese Probleme zu vermeiden, empfiehlt es sich, die entsprechenden Vorsichtsmaßnahmen zu treffen, wenn man an einem besonders wertvollen Stück arbeitet.

Das Kunstwerk selbst darf nicht mit schädigenden Materialien in Berührung kommen. Der Passepartout-Karton muß daher säurefrei und von guter Qualität sein (das ist ein Karton mit einem neutralen pH-Wert von 6,5), und wenn das Gemälde oder der Druck auf den Passepartout-Karton montiert wird, muß dies mit möglichst wenig Klebematerial geschehen, da Klebstreifen Beschädigungen des Papiers hervorrufen können. Zwei kleine Stücke wasserlöslichen gummierten Klebstreifens an den beiden oberen Ecken reichen aus; verwenden Sie, wenn möglich, ein spezielles, säurefreies Klebeband. Die Rückseite des Bildes oder des Drucks sollte mit säurefreiem Kaschierpapier bedeckt werden, bevor die Rückwand montiert wird.

Um eine perfekte Versiegelung des Bildes im Rahmen zu erreichen und das Eindringen von Insekten und Milben zu verhindern, muß man zuerst das Glas versiegeln. Dies geschieht, indem man zwischen die Außenkante des Glases und den inneren Falz ein Band legt und dabei darauf achtet, daß das Band von vorne nicht zu sehen ist. Dann bauen Sie das Bild wie gewohnt zusammen und versiegeln es sorgfältig an Rückwand und Rahmen, wie auf Seite 39 beschrieben.

Sollten Sie Zweifel haben, fragen Sie in einem Bilderrahmen-Fachgeschäft um Rat.

Abschließend sei festgestellt, daß die hier beschriebenen Materialien erheblich teurer sind als die normal verwendeten.

Aufhängen

Viele gute Bilder sind schon ruiniert worden, weil sie von der Wand fielen. Es ist also unbedingt zu beachten, daß die Aufhänger stark genug sind, um das Gewicht des Bildes zu tragen. Jedes schwere Bild sollte auf einen in die Wand geschraubten Bilderhaken gehängt werden. Größere Aufhänger haben aus diesem Grund ein Loch für die Schrauben. Für noch größere Bilder sollten zusätzliche Befestigungen auf beiden Seiten des Bildes angebracht werden.

Spezielle Spiegelaufhänger werden statt D-Ringen und Ösen verwendet, um Spiegel flach an die Wand zu hängen; sollte der Spiegel sehr schwer sein, ist es besser, mehrlöchrige Aufhänger mit

Aufhängen

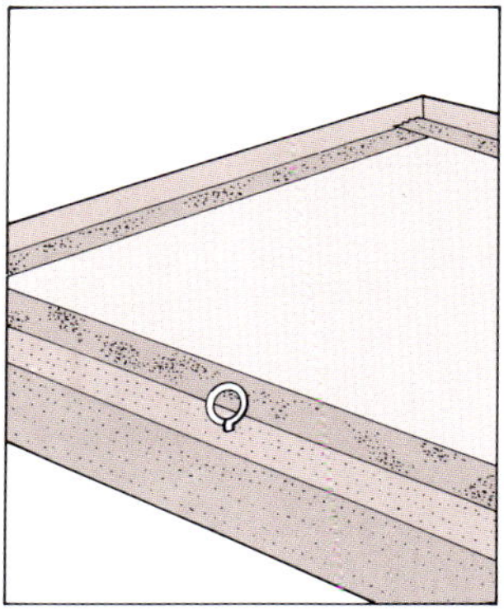

1 *Ösen in kleine Rahmen schrauben.*

2 *Mit Spiegelaufhänger hängt Gegenstand flach.*

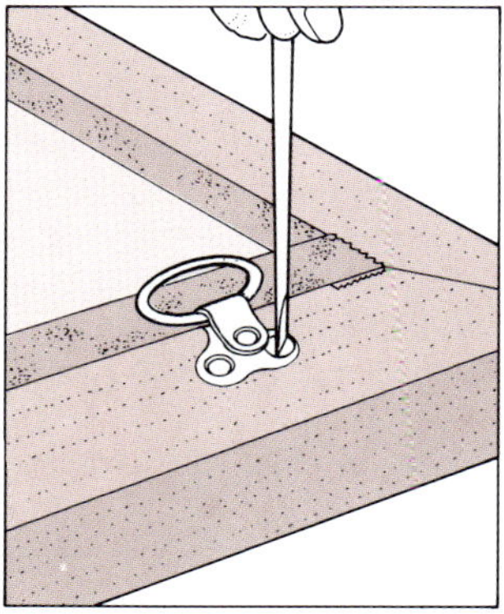

3 *D-Ringe und Schnur für schwere Gegenstände.*

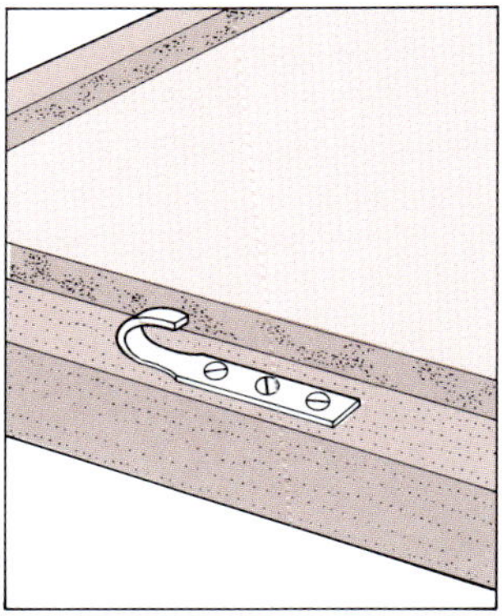

4 *Haken mit extra starker Befestigung und mit Kette.*

einer Kette zu verwenden (im Bastlerladen oder im Eisenwarengeschäft erhältlich).

Wenn Sie einen sehr großen Spiegel aufhängen, schrauben Sie eine Leiste an die Wand, auf der die Spiegelunterkante zur Abstützung des Gewichtes ruhen kann. Benützen Sie spezielle Spiegelaufhänger oben und an den Seiten, um den Spiegel an der Wand zu befestigen.

Als Aufhängeschnur eignet sich am besten eine gedrehte Nylonschnur. Wenn Sie Draht verwenden, muß dies ein spezieller Bilderaufhängedraht der entsprechenden Stärke sein. Für wirklich schwere Gegenstände sollten Sie eine Kette verwenden.

Aufhängen von Spiegeln und großen Gemälden

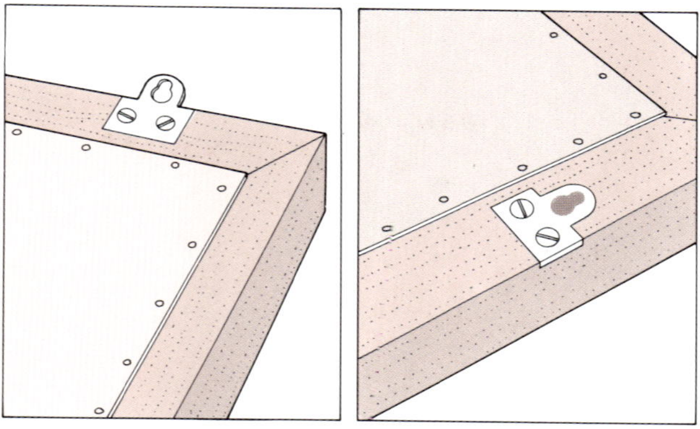

1 *Spezielle Spiegelaufhänger oben oder an den Seiten festschrauben, je nach Größe des Gegenstandes.*

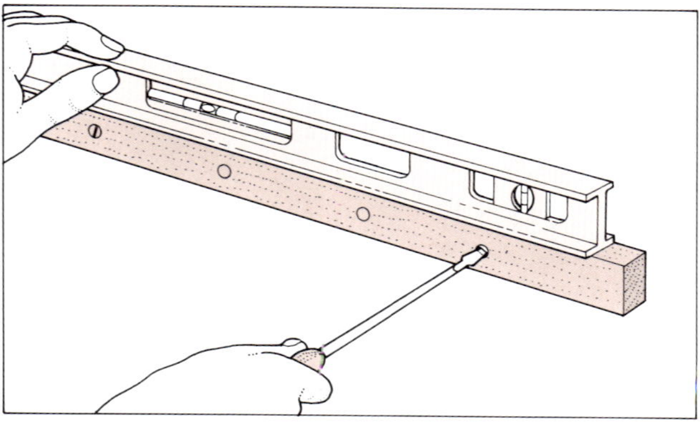

2 *Sehr schwere Gegenstände sollten auf einer in die Wand geschraubten Leiste aufsitzen.*

Bildnachweis

Der Verlag dankt folgenden Personen und Organisationen für die Mitarbeit bei der Produktion dieses Buches. Jeder, den wir vergessen haben, möge es uns verzeihen.
Fotos: Jon Bouchier 8, 9, 11, 12, 16, 19, 20, 24, 25, 27, 28, 33, 35, 40, 41, 45, 48, 49, 54, 56, 57, 60, 61, 64, 65, 70; Elizabeth Whiting & Associates 4, 6, 7, 53.
Illustrationen: Steve Cross 15, 17, 18, 23, 26, 30, 32, 34, 37, 39, 43, 46, 47, 51, 52, 55, 59, 63, 66, 67, 68, 69, 71, 72, 74, 75.
Das Werkzeug auf den Seiten 8 und 9 wurde von E. Amette and Co Ltd zur Verfügung gestellt.
Die Materialien lieferten Mascot Studios, Byfleet.
Das Poster auf Seite 20 stammt von Frame Express.